reinhardt

Uli Zeller

Erinnerungen auf vier Pfoten

Hundegeschichten
zum Vorlesen bei Demenz

Ernst Reinhardt Verlag München

Uli Zeller, Krankenpfleger und Theologe, arbeitet in einem Altenheim in Singen und schult Betreuende und Angehörige von Menschen mit Demenz.

Gewidemt der besten Schwiegermutter von allen – und ihrer Schäferhündin Ruby.

Bibliografische Information der Deutschen Nationalbibliothek

Die Deutsche Nationalbibliothek verzeichnet diese Publikation in der Deutschen Nationalbibliografie; detaillierte bibliografische Daten sind im Internet über <http://dnb.d-nb.de> abrufbar.
ISBN 978-3-497-03219-8 (Print)
ISBN 978-3-497-61812-5 (PDF-E-Book)
ISBN 978-3-497-61813-2 (EPUB)

Printed in EU
Covermotiv: © istock.com/Lighthaunter (Agenturfoto.Mit Model gestellt)
Satz: FELSBERG Satz & Layout, Göttingen

Ernst Reinhardt Verlag, Kemnatenstr. 46, D-80639 München
Net: www.reinhardt-verlag.de E-Mail: info@reinhardt-verlag.de

Inhalt

Der beste Freund des Menschen

Kurze Geschichten rund um den Hund

Vorwort: Hunde tun einfach gut

Frau Martin (92) lebt schon einige Monate im Pflegeheim. Sie hat sich bereits ein wenig eingelebt. Aber abends – wenn es draußen dämmert – wird Frau Martin oft unruhig. Dann eilt sie im Gang hin und her. Ist sie im Flur, dann möchte sie in ihr Zimmer und wenn sie im Zimmer ist, will sie wieder in den Gang. Beruhigungsmittel helfen nicht viel. Kaum ist es draußen dunkel geworden, ist Frau Martin wieder ruhig.

Eines Tages hat Schwester Simone ihren kleinen Hund dabei, den Malteser Matze. Sein Fell leuchtet weiß. Er sitzt auf einer Decke in einer Ecke und beobachtet sein Umfeld. Langsam freundet sich Frau Martin mit Matze an – der Malteser legt den Kopf schief, Frau Martin tut es ebenso. Der Hund kommt zur Bewohnerin und diese streckt ihm die Hand hin. Malteser Matze springt schließlich auf den Schoß von Frau Martin und lässt sich von ihr streicheln. Und auf einmal ist es 19 Uhr. Draußen ist es schon längst dunkel. Und gar niemand hat bemerkt, dass Frau Martins Unruhe ausgeblieben war.

Wissenschaftler der State University of New York konnten zeigen: Die Liebe zu einem Tier macht stressresistenter. 15 Minuten mit einem Hund spielen schüttet die Glückshormone Dopamin und Serotonin aus und reduziert den Cortisolspiegel. In Gesellschaft eines Hundes ging es den Teilnehmern sogar etwas besser als in Gegenwart eines anderen Menschen.

Hunde beruhigen. Sie wecken Erinnerungen und machen Menschen zugänglich, von denen man es nicht geglaubt hätte. Ein Hund kann auch eine Verbindung zwischen zwei Menschen schaffen, die ohne Hund nicht miteinander in Kontakt gekommen wären. Für Menschen mit Demenz können die Vierbeiner zu einem richtigen Gegenüber werden – sei es in Form von Erinnerungen an früher, als regelmäßiger Besuch eines Therapiehundes im Pflegeheim oder als das altvertraute Haustier zuhause.

Mut zur Hunde-Runde

Auch mit Hundegeschichten habe ich sehr gute Erfahrungen gemacht. Denn nicht immer kann ein Mensch, der von einer Demenz betroffen ist, zuhause noch einen Hund halten. In vielen Heimen ist dies auch nicht möglich.

Damit die Geschichten möglichst den gewünschten Erfolg zeigen, kann man beim Vorlesen förderliche Rahmenbedingungen schaffen. Zunächst hilft eine geeignete Gruppengröße, falls man die Geschichten mehreren Zuhörern vorlesen möchte. Ich tue mir schwer damit, eine ideale Größe zu nennen, zumal es stark davon abhängt, wie stark die Demenz der Zuhörer fortgeschritten ist und wie viel Aufmerksamkeit und Begleitung die einzelnen Zuhörer benötigen. Es kann schon sinnvoll sein, eine Kleinstgruppe mit nur zwei Zuhörern zu starten. Wenn der Augenkontakt zu allen möglich ist und es in der Gruppe nicht zu turblent und unruhig wird, kann auch eine Größe von vielleicht sieben oder acht Personen noch sinnvoll sein. Störende Elemente auszuschalten bringt zusätzliche Ruhe: Also Fernsehapparat und Radio aus – und das geöffnete Fenster zur lauten Straße schließen.

Gute Erfahrungen habe ich damit gemacht, einen Gegenstand mitzubringen, der mit der Geschichte oder dem Thema zu tun hat. Hier könnte dies ein Plüschhund sein, ein Foto oder ein Gemälde von einem Hund. Gegenstände wie ein Napf, eine Hundeleine oder ein Halsband können ebenso hilfreich sein. Eines oder mehrere dieser Bilder oder Gegenstände in die Mitte gelegt, führt zum

Thema hin – und hilft auch beim Abschweifen wieder zum Thema zurückzugelangen. Manchmal fangen solche Gegenstände auch wie von selbst an zu „sprechen“, wenn Sie diese einem Menschen mit Demenz in die Hand geben. So kann es sein, dass eine alte Dame plötzlich ganz andächtig wird, wenn sie eine Hundeleine in der Hand hält. Um Zuhörer abzuholen ist es hilfreich, wenn Sie deren Biographie kennen. Wissen Sie beispielsweise, dass eine Dame früher einen Schäferhund hatte, dann scheuen Sie sich nicht, einfach mal aus dem Labrador in einer Geschichte einen Schäferhund zu machen. Hand aufs Herz: Verschiedene Rassen haben unterschiedliche Charaktereigenschaften – ein Schäferhund wird sich anders verhalten als ein Labrador. Dadurch kann so eine Geschichte mit einer angepassten Rasse nicht mehr ganz stimmig sein. Möglicherweise fällt es aber Ihrem Zuhörer nicht auf. Und wenn es doch auffällt? Na, dann ergibt das ein gutes Gesprächsthema. Vielleicht wird dann der Leser zum Zuhörer und das demente Gegenüber zum Hundeerklärer.

Die Geschichten in diesem Buch sind alle eher kurz. Tendenziell finden Sie die längeren Geschichten eher vorne – und die kürzeren eher hinten im Buch. Manche Zuhörer könnten durchaus auch noch längeren Geschichten folgen. Hier habe ich aber bessere Erfahrungen gemacht, keine sehr langen Geschichten zu verwenden, sondern eher bei kurzen Geschichten zu bleiben – und wenn die Zuhörer dann noch aufmerksam sind, lieber noch eine zweite Geschichte nachzulegen. In einer kleineren Runde kann danach sogar noch eine dritte oder vierte Geschichte vorgelesen werden. Ich wünsche Ihnen viel Freude beim Schmökern in diesem Buch und beim Vorlesen.

Besser den Magen verrenken,
als dem Herrchen
was schenken

Bloß kein Grünzeug

Aktivierungstipp

Bringen Sie einen Teller und etwas „Grünzeug" mit, das Sie im Anschluss an die Geschichte auch gemeinsam essen können. Stellen Sie den Teller in die Mitte. Dann wirkt die Geschichte wie ein Rätsel.

Es ist ein Ritual, das sich jeden Abend wiederholt: „Komm, wir richten dem Papa noch einen Teller zum Abendessen." Sabine schiebt ihre Töchter an den Schultern in die Küche. Denn Papa Martin kommt meist erst spät von der Arbeit nach Hause. Da hat die Familie dann immer schon gegessen. Die Kinder schlafen dann schon und Mama manchmal auch.

Also dekorieren sie immer voller Liebe einen Teller: Ein belegtes Brötchen oder ein Schnitzel kommt auf den Teller. Bratwurst, Käse oder Pizza. Und dann wird der Teller noch hübsch dekoriert: „Hier noch eine Scheibe Gurke", sagt Mama. Töchterlein Emma legt noch einen Bündel Petersilie an den Rand. Und Tochter Helene ein Radieschen. Dann stellen sie den Teller auf den Tisch.„Schön bunt, der Papa wird sich freuen", finden sie und machen sich auf den Weg ins Bett.

Ein anderes Ritual wiederholt sich ebenfalls jeden Abend. Alle kuscheln sich ins Bett: Helene, Emma und die Mama. Und der Labrador Golda folgt ihnen. Er legt sich ans Fußende des Bettes. Kaum ist das Licht ausgegangen, steht der Vierbeiner nochmal auf. Mama rollt sich dann immer mit einem guten Gefühl auf die Seite: „Der Wachhund dreht noch einmal eine Runde. Dann weiß ich, dass in der Wohnung alles in Ordnung ist und kann ruhig schlafen.“ Und wenn die Mama dann nach ein paar Minuten am Einschlafen war, kommt Golda zurück. Sie leckt sich die Lippen, schlüpft unter Mamas Bettdecke und kuschelt sich an ihre Füße.

Ein drittes Ritual wiederholt sich jeden Abend. Irgendwann kommt der Vater von der Arbeit heim. Martin legt sich ins Bett. Seine Frau Sabine hört im Halbschlaf, wie der Magen ihres Mannes knurrt. Und jeden Abend denkt sie: Ich muss ihn mal fragen, ob er denn nicht satt wird – aber dann schläft sie immer ein.

Meist ist der Vater morgens dann schon wieder bei der Arbeit, wenn Sabine aufsteht. Aber eines Morgens ist es anders. Sabine und Martin treffen sich in der Küche, jeder hält eine Tasse Kaffee in der Hand. Auf dem Tisch steht wie immer der Teller, den Sabine am Abend vorher für ihren Mann gerichtet hat. Das Wurstbrot ist bis auf den letzten Krümel aufgegessen. Aber Radieschen und Gurkenscheibe liegen noch am Rand. Sabine fragt: „Du, warum isst du eigentlich nie das Gemüse?“

Darauf Martin: „Von so einem bisschen Gemüse wird man doch nicht satt. Entweder esse ich mich richtig satt – oder überhaupt nicht. Aber ich ärgere meinen Magen doch nicht mit einer Scheibe Gurke und einem Radieschen.“

Sabine nimmt einen Schluck Kaffee. „Aber wir richten dir doch jeden Tag einen Teller mit Brot, Wurst, Schnitzel – oder sonst irgendetwas Ordentlichem. Dann kommst du mit knurrendem Magen ins Bett. Aber die Hauptspeise ist am Morgen verschwunden. Und am nächsten Tag liegt nur noch das Grünzeug auf dem Teller.“

In diesem Moment kommt Labrador Golda um die Ecke. Da fängt Sabine an zu lachen. Denn auf einmal wird ihr klar, was sich da jeden Abend abspielt: Der Labrador macht abends überhaupt keine Wachhund-Runde. Nein, er geht in die Küche und isst Papas Teller leer. Dann kommt Martin mit knurrendem Magen ins Bett. Und Papa wundert sich, dass es nur Grünzeug für ihn gibt. Und am Morgen wundert sich Sabine, dass nur Petersilie und Gurke übrig sind. Als sie dem Vater die Lösung des Rätsels erklärt, muss auch er kräftig lachen.

Künftig bekommt Labrador Golda einen eigenen Napf mit einer Nachtmahlzeit. Und die Familie deponiert den Teller für den Papa im Kühlschrank. Der isst ihn immer bis auf den letzten Krümel leer. Einschließlich Grünzeug. Und das Magenknurren im Bett ist auch vorbei.

Gesprächsimpuls

Was hat Ihr Hund zum Fressen bekommen? Trocken- oder Nassfutter? Reste vom Metzger? Selbst Geschlachtetes? Essensreste? Haben Sie morgens oder abends gefüttert? Oder mehrmals am Tag?

Weihnachtsgebäck für Pudel Paul

Aktivierungstipp

Diese Geschichte passt besonders gut in die Adventszeit. Zum Beispiel, wenn Sie beim Plätzchen backen oder beim Basteln von Adventsdekoration mal eine Pause einlegen wollen.

Emilie sitzt im Heiligabendgottesdienst. Schneeflocken tanzen an den Scheiben vorbei. Manche setzen sich auf das Glas und schmelzen. Die Kinder haben eben ein Krippenspiel aufgeführt. Der Pfarrer tritt auf die Kanzel. Er predigt über die Schafe von Bethlehem und den Frieden, den es auf Erden geben soll. Emilie beobachtet die Schneeflocken.

Ihre Gedanken schweifen ab. Sie geht im Kopf noch einmal durch, ob sie zuhause alles fürs Fest vorbereitet hat: Der Baum steht und die elektrischen Kerzen muss sie nachher nur noch anschalten. Der Braten steht im Ofen und sie muss ihn nachher nur noch einmal warm machen. Im Backofen steht das Fleisch sicher – da kann auch ihr Pudel Paul nicht dran gehen. Und: Der Teller mit dem Weihnachtsgebäck steht schon auf dem Tisch. Ein gehäufter Teller mit Lebkuchen, Zimtsternen und Vanillekipferl.

Auf einmal zuckt sie zusammen: „Was? Der Teller mit dem Weihnachtsgebäck steht auf dem Tisch? Oh nein, der Pudel." Denn Pudel Paul ist ein besonders verfressenes

Exemplar von Pudel. Emilie erinnert sich noch daran, wie der Vierbeiner neulich die Spaghetti von ihrem Teller geklaut hat – die langen Nudeln hingen rechts und links von der Schnauze herab. Dieses Bild wird sie nie vergessen. Und jetzt – der Teller mit dem Gebäck!

In diesem Moment springt Emilie vom Stuhl auf. Sie hat gar nicht mehr daran gedacht, dass sie sich gerade mitten in einem Gottesdienst befindet. Aber es ist auch überhaupt niemandem aufgefallen. Denn gerade vorhin war der Pfarrer fertig mit seiner Predigt. Und soeben ist die Gemeinde aufgestanden zum Vaterunser.

Das, was die Gemeinde da betet, gilt irgendwie auch gerade für die Situation, die sich vor ihrem inneren Auge abspielt:

„Unser tägliches Brot gib uns heute." Wenn ein Hund einen Teller mit Weihnachtsgebäck findet, ist das für ihn doch fast so, wie wenn sein Gebet erhört worden wäre. Emilie muss schmunzeln.

„Führe uns nicht in Versuchung", betet die Gemeinde weiter. Und das ist die Frage. Hat der Teller den Hund in Versuchung geführt? Hat er die Kekse geklaut, zerbissen, in der Wohnung verkrümelt? Wird es zuhause aussehen wie im Keks-Krümelland? Wird er noch etwas übrig gelassen haben?

„Und vergib uns unsere Schuld", so lautet es weiter in dem bekannten Gebet. Emilie denkt sich: „Genau das wirst du auch beten müssen, Pudel Paul, wenn du den Teller geklaut hast – vergib uns unsere Schuld!"

Als Emilie nach Hause kommt, ist sie gespannt. In der Wohnung ist nichts zu hören. Sie schleicht sich ins Wohnzimmer – nichts. Pudel Paul liegt auf dem Sofa und schläft. Neben ihm auf dem Tisch steht der Teller mit Weihnachtskeksen. „Das ist ein Weihnachtswunder", lächelt Emilie.

„Der verfressene Paul hat meine Kekse in Ruhe gelassen." Und schon nimmt sie einen Keks von dem Teller – und gibt diesen ihrem Pudel als Belohnung.

Zwischen Neujahr und Dreikönig macht Emilie dann ihren jährlichen Großputz. Als sie das Polster des Sofas hoch hebt, um darunter zu saugen, staunt sie: Da liegen fein säuberlich versteckt sieben Weihnachtskekse. Paul hat sich in einem Geheimversteck einen Vorrat angelegt.

Gesprächsimpuls

Kennen Sie weitere Beispiele für die Klugheit der Tiere? Beispiel: Katzen können sich ihr Revier merken. Eichhörnchen verstecken Nüsse und finden sie (meistens) wieder. Eine Krähe lässt sich die Nüsse aufknacken, indem sie sie auf die Straße wirft und vom nächsten Auto überrollen lässt. Sprichwörtlich klug ist der Elefant. Man sagt auch von klugen Menschen, sie hätten ein Gedächtnis wie ein Elefant. Der Elefant gilt deshalb als klug, weil er sich merken kann, wo die Wasserstellen sind und diese zuverlässig wieder findet …

Freundschaft geht durch den Magen

Aktivierungstipp

Bringen Sie ein Brecheisen oder ähnlich schweres Werkzeug mit. Lassen Sie Ihr Gegenüber daran tasten.

Mit einem Brecheisen hebt Pepe die Terrassentür aus der Angel – und schon steht er im Wohnzimmer. „Ich hasse es, in fremder Leute Häuser einbrechen zu müssen", murmelt er vor sich hin.

In diesem Moment hört er ein Geräusch: Tap, tap, tap – und da tapst er um die Ecke: ein Pitbull. Der Hund ist klein und dick – und er wedelt mit dem Schwanz. Der Hund schleicht zu Pepe und schmiegt seinen Kopf an dessen Bein. Da setzt sich Pepe, der Einbrecher, auf den Boden und streichelt den Hund hinter den Ohren. Und während er anfängt, seinen Bauch zu streicheln, erinnert er sich an früher: Meine Eltern hatten auch immer Hunde. Der ungestüme Neufundländer Brösel sprang an der Kinderzimmertür hoch, drückte die Klinke nach unten – und weckte alle. Einmal hatte Pepe seinen Teddybär verloren. Der Neufundländer schnüffelte los – und fand ihn bald. Und eines Tages starb der alte Nachbar, der immer mit Pepe gespielt hatte. Da kam der Hund und tröstete Pepe. „Warum habe ich eigentlich nie wieder einen Hund gehabt?", murmelt der alte Pepe vor sich hin, während er in dem fremden Wohnzimmer auf dem Boden sitzt und den

Pit Bull streichelt. Der Pit Bull hat sich in der Zwischenzeit schon längst auf den Rücken gelegt, streckt alle viere von sich – und lässt sich den Bauch streicheln.

Da dreht sich ein Schlüssel in der Türe herum. Ehe Pepe aufspringen kann, klackt der Lichtschalter und es wird hell. In der Tür steht ein Herr mit grauen Haaren und vielen Falten im Gesicht. Er stützt sich auf einen Gehstock.

„Bitte tun Sie mir nichts", ruft Pepe. „Ich wollte hier einbrechen. Aber jetzt bin ich so von Ihrem Hund entzückt. Da habe ich alles um mich herum vergessen."

Der Besitzer wird kreidebleich. „Ich muss mich setzen. Man hat ja nicht jeden Tag einen Einbrecher im Haus. Da weiß ich gar nicht, was ich tun soll. Aber, jaja, wenn Sie mir nichts tun, tue ich Ihnen auch nichts."

„Trinken Sie ein Glas Wasser. Das wird Ihnen gut tun", räuspert sich der Einbrecher. Er erhebt sich ächzend vom Boden. Der Hausbesitzer zeigt mit dem rechten Zeigefinger auf den Schrank, in dem sich die Gläser befinden. Und er sagt zum Einbrecher: „Trinken Sie ruhig auch ein Glas mit mir."

Der Einbrecher schenkt ein. Er zittert und schüttet ein wenig daneben. Es blubbert im Glas. Der Hausbesitzer trinkt – und Farbe kehrt in sein Gesicht zurück. „Sagen Sie mal, warum sind Sie denn bei mir eingebrochen?"

Der Einbrecher lässt seinen Kopf sinken. „Ich bin ein armer Mann geworden. Es sind leider ein paar Dinge in meinem Leben schief gelaufen. Ich weiß nicht, wie ich mir mein Essen leisten kann."

Da deutet der Besitzer des Hauses zum Kühlschrank: „Dann suchen Sie sich doch was zum Essen aus. Und wenn Sie wollen, trinken wir noch ein Glas Wein zusammen. Ich heiße übrigens Josef."

„Danke, Josef." Der Einbrecher nimmt die Einladung

gerne an. Aus dem Kühlschrank angelt er sich ein Stück Speck, aus dem Brotkorb zieht er einige Scheiben Brot. Er schenkt sich und Josef jeweils ein Glas Wein ein. Jetzt zittert er nicht mehr.

Der Pitbull setzt sich neben Pepe und wedelt mit dem Schwanz. „Sie heißt Luna – und sie hätte gerne ein Stück Speck", lächelt Josef.

„Darf ich ihr eines geben?"

„Ja, natürlich. Ich wollte, ich könnte noch öfter mit ihr spazieren gehen. Dann wäre sie nicht so dick. Aber ich bin alt und kann nicht mehr so weit."

Pepe kratzt sich am Kopf. „Ich habe da eine Idee. Mittags habe ich immer Zeit. Wenn Sie mögen, kann ich immer eine Runde mit Ihrer Luna spazieren gehen."

„Gute Idee", antwortet Josef. „Und wenn Sie zurückkommen, bekommen Sie von mir eine warme Mahlzeit."

Pepe streckt seinem neuen Freund die Hand hin. „Abgemacht. Aber jetzt repariere ich erst mal noch Ihre Terrassentür. Nicht dass noch jemand auf dumme Gedanken kommt und hier einbrechen will."

Gesprächsimpuls

Streicheleinheiten für den Hund: Was gefällt dem Vierbeiner am Besten? Beispiele: Hinterm Ohr kraulen, am Hals kraulen, den Bauch streicheln …

Gruß vom Metzger

Aktivierungstipp

Bringen Sie verschiedene Gegenstände mit, die mit dem Thema „Hund“ zu tun haben. Eine Leine, ein Halsband oder einen Kauknochen – um nur einige Beispiele zu nennen. Legen Sie diese in die Mitte. Wer möchte, kann sich einen Gegenstand aussuchen. Wer sich einen Gegenstand in die Hand geben lässt, kann daran tasten. Lassen Sie Ihrem Gegenüber etwas Zeit. Manchmal regen Gegenstände Erinnerungen an und bringen Menschen dazu, Gefühle zu empfinden oder auszusprechen.

Margot geht zum Metzger. Jeden Donnerstag kauft sie sich von dem Geld, das sie in den letzten Tagen zur Seite legen konnte, eine Bratwurst oder ein paar Scheiben Salami. Wenn es etwas mehr Geld ist, kann sie sich auch mal noch ein Schnitzel leisten. Das Leben hat viele Falten und Flecken auf Margots Gesicht gezeichnet.

Eines Donnerstags ist eine andere Kundin vor ihr an der Reihe. Die Metzgereiverkäuferin hat schon alles, was die Dame will, in die Tüte gepackt.

Dann fragt die Verkäuferin die Dame vor ihr: „Möchten Sie wieder eine Tüte mit Resten für Ihren Hund?“

Die Kundin, die vor Margot an der Reihe ist, sagt: „Oh ja, gerne.“

Margot schaut genau zu, was die Verkäuferin alles in die

Tüte packt: Den Anschnitt eines Fleischkäse-Stückes, ein Steak, zwei Suppenknochen – und eine Leber."

Margot leckt sich die Lippen und murmelt vor sich hin: „Ich wollt, ich wär ein Hund." Doch Margots Hund ist schon lange tot.

Da nickt ihr die Verkäuferin zu: „Jetzt sind Sie an der Reihe. Was hätten Sie gerne?"

Margot atmet tief ein: „Bitte zwei Weißwürste und 100 Gramm Schinken."

„Sehr gerne", antwortet die Verkäuferin und packt ihr das Gewünschte ein. „Darfs noch etwas sein?"

Margot grinst unsicher. „Ich hätte gern noch etwas Reste für den Hund", sagt sie. Obwohl sie ja gar keinen Hund mehr hat.

Die Verkäuferin nickt. „Reste für den Hund haben wir immer da. Was haben Sie denn für einen Hund?"

„Ei-ei-einen Mischling", stottert Margot und ihr Gesicht wird etwas rot. Und sie ergänzt: „Ein Malteser-Mops-Mischling."

Die Verkäuferin bohrt weiter: „Hat er viel Hunger? Und hat er irgendwelche Vorlieben?"

Margot fährt sich mit der Zunge über die Lippen. „Oh ja, er hat immer viel Hunger. Er mag Grillwurst und Kaminwurzen und Landjäger." Margot zählt alles auf, was sie schon lange einmal essen wollte, sich aber nicht leisten kann. „Und Speck und Leberwurst und Kalbs-Braten." Sie schaut sich um und ihre Augen wandern von einer Theke zur nächsten. „Und Schweine-Hals und Gulasch und Putengeschnetzeltes."

Die Verkäuferin packt eine große Tüte zusammen. „Wie heißt Ihr Hund denn?", fragt die Verkäuferin.

„B-b-bello", stottert Margot – und ärgerte sich, dass ihr auf die Schnelle kein besserer Name einfällt.

„Dann grüßen Sie Bello von uns. Auf Wiedersehen“, verabschiedet die Verkäuferin Margot.“

Eine Woche später am Donnerstag kommt Margot wieder in die Metzgerei. Wieder bestellt sie eine Kleinigkeit für sich. Und dann sagt sie wieder: „Können Sie mir ein paar Reste für meinen Hund zusammenpacken?“

„Ja, aber natürlich“, sagt die Verkäuferin. „Hat er bestimmte Vorlieben?“

Margot sagt: „Ja, vielleicht nicht so viel Schwarte am Speck wie in der letzten Woche. Und nicht so viel Fett. Und an den Knochen darf ruhig noch etwas mehr Fleisch sein. Bello ist es ganz schlecht geworden und so gut sind seine Zähne schließlich auch nicht mehr.“

Die Verkäuferin runzelt die Stirn. Dann packt sie eine Tüte zusammen und überreichte sie Margot. Sie schmunzelt und sagt „Lassen Sie es sich schmecken und grüßen Sie Ihren Hund.“

Gesprächsimpuls

Was frisst ein Hund und was nicht? Apfel, Wurst, Käse, Fisch, Brot, Schokolade …

Kleiner Hund mit großem Hunger (Redensarten-Geschichte)

Aktivierungstipp

In dieser Geschichte kommen einige richtige und falsche Redensarten vor. Kennen Sie noch weitere solcher bekannten Sprüche? Eine Hilfe dabei kann das Spiel „Den Spruch kenn ich!" – Frage-Antwort-Spiel zum Rätseln und Erinnern von Stefan Gutensohn und Antje Siebert-Görlitz, 2. Aufl. 2021, Ernst Reinhardt Verlag, sein. Sie können Ihre Zuhörer die Redensarten in der Geschichte auch ergänzen lassen. Machen Sie dabei während der kursiv gedruckten Sätze eine Pause.

„Die Aufgabe eines Labradors ist, dem Einbrecher den Weg zum Kühlschrank zu weisen." Dies ist die Antwort von Elvira auf die Frage, ob ihr Hund Bruno denn ein guter Wachhund ist. Das heißt im Klartext: Nein, er ist kein guter Wachhund. Wenn ein Einbrecher kommt, zieht der Hund den Schwanz ein. Er ist vor allem verfressen. Bruno findet wohl: Besser den Magen verrenken, als dem Herrchen was schenken.

Das zeigt sich bei vielen Gelegenheiten. Zum Beispiel immer am Sonntagmorgen.

Da gibt es nämlich stets ein Frühstücksei bei Elvira. Denn Morgenstund hat Ei im Mund. Und weil ihr Labrador Bruno Eier so sehr liebt, hat sie ihm dann immer eines mitgekocht – und jeden Sonntag bekommt Bruno dann ein Ei. „Den letzten beißen die Hunde", hat er wohl gedacht. Also nichts wie hin zum Frühstückstisch.

Wenn Bruno das Schäl-Geräusch hört, winselt, sabbert und hechelt er immer. Er heult wie ein Schlosshund. Oder, wenn man es mit einer Redensart, in der auch ein Hund vorkommt, auf den Punkt bringen will: „Da wird ja der Hund in der Pfanne verrückt." So verrückt wird Bruno, wenn er hört, wie Elvira die Schale vom Ei löst.

Aber, immerhin: Bruno ist so gut erzogen, dass er nie vom Tisch klaut. Bis auf einmal ...

Elvira ist nämlich zu Besuch bei ihrer Freundin. Ihren Labrador hat sie natürlich dabei. Die Freundin hat Elvira zum Frühstück eingeladen – und weil sie etwas Besonderes machen will, kocht sie ein Ei. Dabei hat sie es gar nicht eilig. Eile mit Weile. Gemütlich kocht sie das Ei, schreckt es ab, klopft die Schale gegen den Tisch – und dann löst sie langsam die Schale ab.

Hund Bruno beobachtet das. Das Wasser läuft ihm dabei im Mund zusammen, denn: Frauchen ist der beste Koch. Und irgendwann wird es ihm zu bunt. Er denkt sich wohl: „Das ist ja ein dicker Hund." Denn wenn man nicht bekommt, was man will, geht man ja leer aus – „den letzten beißen die Hunde", könnte man sagen.

Das will Bruno nicht. Nein, der Labrador will nicht leer ausgehen. Also schnappt er zu, schnell wie der Blitz. Er klaut das Ei vom Teller.

Elvira verpasst ihrem Labrador Bruno einen Riesen-Rüffel: „Was fällt dir ein? Du darfst nicht stehlen." Bruno senkt den Kopf. Und der Labrador schaut drein wie ein begossener Pudel.

Gesprächsimpuls

Weitere Redensarten mit Hund sind „Da liegt der Hund begraben“, „Das ist des Pudels Kern“, „Diesen Hund muss man zum Jagen tragen“, „Viele Hunde sind des Hasen Tod“ oder „Bei dem Wetter jagt man ja keinen Hund vor die Tür.“ Versuchen Sie einmal, einige Redensarten (mit oder ohne Hund) in Ihr nächstes Gespräch mit Menschen mit Demenz einzubauen – und lassen Sie die Redensart von Ihrem Gegenüber ergänzen.

Viel Glück auf vier Pfoten

Ein Wischmopp auf Reisen

Aktivierungstipp

Putzen und wischen – Alltagsaufgaben stiften Sinn. Spülen Sie einmal gemeinsam ab, wischen Sie zusammen den Tisch sauber, stauben Sie einen Schrank ab. Nicht das Ergebnis zählt – sondern die sinnvoll erlebte Zeit.

Sie hieß Flauschi. Flauschi war der Hund meiner Kindheit und Jugend. Ihre Rasse? Sie war ein Puli. Das ist ein Hirtenhund aus Ungarn. Flauschi hatte lange zottelige Haare, die gleich auffallen. „Ein Wischmopp auf Reisen", haben wir immer wieder gesagt, wenn wir mit ihr unterwegs waren.

Ihr schwarzes Fell glänzte in der Sonne. Wir legten auch immer viel Wert drauf, sie zu pflegen und zu bürsten, damit es auch so blieb. Sie schmuste gerne und liebte es, gestreichelt zu werden.

Als ich vier Jahre alt war, ist Flauschi zu uns in die Familie gekommen. Ich weiß gar nicht mehr so genau, woher wir sie hatten. Alle Geheimnisse habe ich ihr anvertraut. Wenn ich fröhlich war, hat sie sich mit mir gefreut. Wenn ich geweint habe, haben wir zusammen getrauert. Wenn mich eine meiner Sandkastenfreundinnen geärgert hat – Flauschi hat es immer als Erste erfahren. Und später auch jeden Liebeskummer.

Ich bin sehr froh, dass ich Flauschi hatte. Einmal haben wir jemanden vom Bahnhof abgeholt. Dann ist Flauschi in den Zug gesprungen. Dies aber gerade kurz bevor sich die Türe schloss und der Zug losfuhr. Zum Glück hatten meine Eltern das Auto dabei. Also fuhren wir dem Zug hinterher. Wir überholten ihn und kamen vor ihm am Bahnhof an. Der Zug fuhr ein, nachdem wir auf dem Bahnsteig waren. Es roch nach Diesel und heißem Stahl. Die Bremsen pfiffen. Die Türen gingen auf – und Flauschi kam uns entgegen gesprungen. Sie hüpfte an uns hoch. Einige Fenster im Zug öffneten sich. Verschiedene Reisende winkten Flauschi hinterher. Ein Mädchen hatte die Hündin wohl gestreichelt. „So ein kuscheliges Fell“, rief sie. Ein Mann kaute vor sich hin. „Ich habe ihr ein Stück Wurstbrot abgegeben“, rief er und warf gleich noch ein Stückchen aus dem Fenster. Und eine Frau rief: „Schön, dass sie jetzt ihre Familie wieder gefunden hat. Sie ist die ganze Zeit im Zug hin und her gerannt. Jemand hat gesagt: Schau nur, da kommt der Wischmopp wieder.“

Zuhause hat Flauschi dann immer wieder mal unsere Nachbarin besucht. Frau Bastian. Frau Bastian war eine mürrische alte Frau. Eigentlich hat sie nie mit jemandem geredet. Aber wenn Flauschi bei ihr war, hat sie stets gelacht. Sie hat Flauschi gestreichelt und gekrault, hat sich mit ihr auf dem Boden gerollt – und man hatte das Gefühl, Frau Bastian sei plötzlich 20 Jahre jünger.

Einmal feierte ich im Garten Geburtstag. Es gab einen Kuchen. Mutter hatte eine Schnitzeljagd vorbereitet. Wir Kinder sprangen durch den Garten und suchten den Schatz. Schließlich fanden wir ihn auch. Unser Wischmopp Flauschi aber fand in dieser Zeit auch einen Schatz. Die Hündin hat sich über unseren Geburtstagskuchen hergemacht. Als wir von der Schnitzeljagd zurückkamen, saß sie schmatzend neben dem Geburtstagstisch. Der Kuchen lag auf dem Boden. Gesicht, Pfoten und Fell waren über und über mit Sahne verschmiert.

Während meiner Jugendzeit ist unsere Flauschi gestorben. Ich war sehr traurig und habe sie lange vermisst. Ungefähr zu dieser Zeit zog ich auch von zuhause aus und fing meine Lehre an. Erst viele Jahre später, als ich selbst Kinder hatte, legte ich uns – „vor allem wegen der Kinder", wie ich sagte – wieder einen Hund zu. Wenn ich ehrlich bin, wollte aber vor allem ich wieder einen Hund.

Gesprächsimpuls

Kindheitserinnerungen an den Hund. Hatten Ihre Eltern einen Hund? War er groß oder klein? Was haben Sie mit dem Vierbeiner erlebt?

Wenn der Hund hupt

Aktivierungstipp

Bringen Sie eine Fahrradhupe mit und machen Sie gemeinsam das Hup-Geräusch, wenn es in der Geschichte vorkommt. Oder lassen Sie Ihren Zuhörer hupen.

Wieder einmal ist Familie Müller im Urlaub in Italien. In der Pension „Mamma Maria“, wie jedes Jahr. Maria ist eine alte Italienerin mit vielen Falten. Sie hat eine Küchenschürze umgebunden. Und vor allem liebt die Familie Marias Hündin Piccola. Piccola ist eine Zwergspitz-Dame. Die kleine Piccola hat ein weißes Fell.

Beim Essen sitzt sie unter dem Tisch der Familie Müller. Zur Freude der Töchter Lena und Sandra. Die Mädchen schieben Piccola unter dem Tisch immer mal wieder ein Stück Salami oder einen Rand von der Pizza zu. Während die Müllers Urlaub in Italien machen, folgt Piccola den Kindern überall hin. Zum Strand, zum Spielplatz, ins Restaurant.

„Schade, dass wir zuhause keinen Hund haben“, seufzt Sandra.

Lena antwortet: „Umso schöner, dass wir jedes Jahr Piccola im Urlaub wieder sehen.“

In diesem Jahr haben die Müllers ein Lagerfeuer am Strand gemacht. Sie waren auf dem Tretboot im Meer – und sie sind an der stürmischen Küste entlang gerannt und haben dort einen Drachen steigen lassen. Und immer war

Piccola dabei. Sie rannte den Mädchen hinterher, während sie den Drachen zogen. Sie lag neben ihnen am Lagerfeuer. Und sogar ins Tretboot kam sie mit. Sie saß vorne auf dem Bug und schaute ins weite Meer, als wenn sie Fernweh hätte.

Und jetzt kommt er wieder. Der letzte Tag im Urlaub. Der Tag des Abschieds.

„Wir haben alles gepackt, nichts wie los“, ruft Papa. Er hält die Tür seines Kombis auf. Lena und Sandra schieben sich auf die Rückbank, Mama und Papa sitzen vorne. Und dann geht es los.

„Arrivederci, Mamma!“, rufen alle vier.

Lena fragt: „Wo ist eigentlich Piccola?“

„Ich habe sie nicht mehr gesehen.“ Sandra zuckt mit den Schultern.

Und dann fahren sie auch schon los.

Der kleine Zwergspitz Piccola aber ist neugierig wie immer. Als der Papa den Kofferraum belädt, klettert sie hinein. Da sitzt sie nun zwischen Koffern und Decken, zwischen Puppen und Campingkocher, zwischen sizilianischen Orangen und ein paar Flaschen von Papas Lieblingswein aus der Toscana. Und keiner hat etwas davon bemerkt.

„Wir haben noch was vergessen“, ruft die Mutter. Sie wischt sich den Schweiß von der Stirn.

„Was denn?“, will Papa wissen.

„Wasser. Wir haben nichts zu trinken dabei.“

„Und das bei dieser Hitze“, stöhnt der Papa, wischt sich den Schweiß von der Stirn und biegt gleich zum nächsten Supermarkt ab. Die Familie streicht zwischen den Regalen durch. Noch ein letztes Mal schlendern sie um italienische Spaghettis, Oliven und getrocknete Tomaten herum.

Dann hören sie draußen ein lautes Hupen. „Das letzte

Mal in diesem Urlaub hören wir das wilde Hupen", sagt Mama. Und Papa antwortet: „Aber das ist selbst für italienische Verhältnisse ziemlich temperamentvoll."

Alle vier Familienmitglieder klemmen sich ein oder zwei große Wasserflaschen unter den Arm. Auf dem Parkplatz sehen sie viele Menschen. Sie stehen rund um den Kombi der Familie und lachen. Sie zeigen mit den Fingern auf den Wagen.

Die Familie schiebt sich durch die Menschentraube. Und was sieht sie? Zwergspitz Piccola. Sie ist im Auto nach vorne gekrochen. Aufgeregt springt sie im Auto hin und her. Und dabei kommt sie immer wieder an die Hupe.

„Ich hab wohl den Schlüssel stecken lassen", runzelt der Vater die Stirn. „Darum hupt die Hupe."

Und die Mama schüttelt den Kopf. „Und du hast aus Versehen den Hund eingepackt."

Da lacht Tochter Sandra. „Na dann nichts wie zurück zu Mamma Maria."

„Stimmt", nickt Lena. „Maria wird ihre Piccola schon vermissen."

Gesprächsimpuls

Schreiben Sie Begriffe auf, die typisch sind für Italien: Pizza, Rom, Olivenöl. Schneiden Sie die einzelnen Buchstaben vor den Augen ihrer Zuhörer auseinander. Oder, wenn möglich, lassen Sie Ihr Gegenüber das Wort auseinanderschneiden. Setzen Sie den Begriff gemeinsam wieder zusammen.

Ein Hundeleben

Aktivierungstipp

Wenn Sie einen Plüsch-Hund auftreiben können, bringen Sie diesen mit. Geben Sie ihn Ihrem Zuhörer in die Hand – zum Kuscheln oder Streicheln.

Wie so oft geht Frederic im Wald spazieren. Er mag den Geruch nach Harz und Holz, nach Moos und Rinde. Frederic murmelt vor sich hin: „Ich liebe die Stille. Nur hin und wieder zwitschert ein Vogel.“ Aber – heute ist es nicht still. Auf einmal hört Frederic etwas: ein Winseln und ein Jaulen. Frederic folgt den Geräuschen. Am Rande einer Lichtung findet er einen Hund, der an einer Fichte angebunden ist. Er ist schneeweiß – ein Husky.

Frederic löst die Leine. Der Hund begrüßt ihn. Er springt an ihm hoch, schmiegt sich an seine Seite. Frederic schmunzelt. „Du tust ja so, als wenn wir uns schon lange kennen würden.“ Kurzerhand nimmt Frederic den Vierbeiner mit nach Hause. Dort zimmert er ihm eine Hundehütte im Garten. Im Flur stellt er ein Körbchen für seinen neuen Freund auf. Und noch am gleichen Abend stellt er fest: Er ist ja gar kein Hund, sondern – eine Hündin. So nennt er sie Hanna. „Ha-Ha. Husky Hanna.“

Frederic und Hanna erleben viele Abenteuer. Einmal schläft Hanna in ihrem Körbchen im Flur. Ein Einbrecher macht sich an der Türe zu schaffen. Der Vierbeiner bellt – und schlägt den Bösewicht in die Flucht.

An einem anderen Tag rollt der Kinderwagen der Nachbarin die Straße runter – mit dem Baby drin. Die Nachbarin rennt dem Wagen hinterher. „Hilfe! Hilfe!", hört man sie durch die Straßen schreien. Husky Hanna ist es, die den Wagen einholt, sich vor ihn stellt und ihn stoppt.

Für den alten Herrn Krause nebenan ist Husky Hanna auch ein Lichtblick. Herr Krause ist fast blind und taub. Zum Glück hat der Gartenzaun an einer Stelle ein Loch – gerade so, dass man den Arm durchstrecken kann. So stellt der Nachbar einen Liegestuhl an den äußersten Rand seines Gartens – und Husky Hanna sitzt auf der anderen Seite des Zauns. „Bist du aber eine Liebe", murmelt Herr Krause immer wieder vor sich hin. Stundenlang lässt sich die Hündin vom Nachbarn kraulen.

Eines Tages ist Husky Hanna trächtig. Frederic freut sich. Und als Hanna drei Welpen auf die Welt bringt, nennt er sie Bimmel, Bammel und Bommel. Frederic findet: „Mein Garten ist groß genug. Ihr könnt ruhig bei mir bleiben. Und im Wald spazieren gehe ich sowieso oft. Da könnt ihr mit."

Im Winter baut Frederic einen Schlitten, den die vier Huskys gemeinsam ziehen können. Es macht den vieren Spaß, durch den Wald zu toben. Im Frühling hat Frederic eine neue Idee: „Da wir nicht immer Schnee haben, baue ich euch noch einen Schlitten mit Rädern – für die übrigen drei Jahreszeiten." Gesagt, getan – bald braust Frederic mit seinen Huskys das ganze Jahr über durch den Wald. Und es ist schwer zu sagen, wer von ihnen daran am meisten Freude hat.

Eines Tages stirbt Husky-Mama Hanna. Frederic gräbt ihr ein Grab am Rande des Gartens. In der Nähe des Zauns, dort wo der Nachbar ihn immer gekrault hat. Frederic pflanzt eine Rose auf das Grab und dekoriert es mit einem Herz aus Stein. Mit Muscheln aus dem letzten Urlaub gestaltet er einen schönen Schriftzug: „Danke, Hanna“, ist dort zu lesen. Denn das Leben dieses Hundes hat nicht nur seine Welpen – sondern auch viele Menschen glücklich gemacht.

Gesprächsimpuls

Husky Hanna bekommt drei Welpen. Wo kommt die Zahl drei sonst noch vor? Beispiele: Dreieinigkeit – Vater, Sohn und heiliger Geist. Drei Musketiere. Tick, Trick & Track. Im Lied „Mein Hut, der hat drei Ecken“ …

Schwester Sandy, die Bernhardinerin

Aktivierungstipp

Ordnen Sie diese vier Hunde der Größe nach: Dackel, Dogge, Schäferhund, Labrador (Lösung könnte von klein nach groß sein: Dackel, Labrador, Schäferhund, Dogge. Außer der Labrador fällt etwas groß und die Dogge etwas klein aus.)

Schwester Franziska ist die gute Seele auf der Kinderstation. Und jetzt hat sie sich eine Hündin gekauft. Sandy, die Bernhardinerin. Sie ist noch ganz klein. Beim Frühstück sagt Schwester Franziska zu ihren Kollegen: „Mit meiner jungen Hündin hab ich viel Spaß. Aber während ich arbeiten muss, wird die Zeit für sie zuhause immer lang." Sandy zerknabbert dann Schuhe und schleift Schmutzwäsche in der ganzen Wohnung herum.

„Ich kenne das", sagt eine Kollegin. „mein Hund hat mir einmal das Sofa zerrissen, als ich zu lange weg war."

Die anderen Schwestern und die Stationsärztin haben aber gleich ein paar Ideen:

„Ach, bring deine Hündin doch einfach mit."

„Ich habe noch einen ausrangierten Geschenkkorb zuhause. Den stellen wir hier in die Ecke. Und er wird zum Hundekorb."

„Bei mir im Schrank liegt noch ein Kuschelteppich. Den bringe ich ihm mit – dann hat Sandy es schön weich."

„Ich kaufe deiner Hündin einen Kauknochen."

„Und ihr Wasser kann sie aus der verbeulten Nierenschale schlabbern."

„Wenn sie lieb ist, darf sie auch mit zur Visite und zum Rundgang durch die Zimmer. Dann stellen wir ihren Korb unten in den Teewagen und düsen zu unseren kleinen Patienten."

Am nächsten Tag bringt Schwester Franziska tatsächlich ihre Sandy mit zur Arbeit. Für die Hündin ist alles neu und spannend. Es riecht nach Desinfektionsmittel und Kamillentee. Sandy schnüffelt an allen Türen. Die Kinder in den Zimmern lauschen, als sie ihre Pfoten auf dem Boden trippeln hören. „Was ist denn das für ein Geräusch", fragt der kleine Tim mit dem gebrochenen Bein. Anton mit der kaputten Niere antwortet: „Ich weiß es nicht." Doch er lugt aus dem Türspalt und erklärt Tim: „Schwester Franziska hat jemanden dabei. Jemand mit einem zotteligen Fell und langen Haaren."

Es dauert nicht lange und Schwester Franziska kommt an diesem Morgen zum ersten Mal zu Tim und Anton. „Kann ich euch dabei helfen, euch zu waschen", fragt sie. Doch die Antwort geht in Sandys fröhlichem Gejaule und in Kinderlachen unter. Immer wieder an diesem Morgen kommt die Schwester zu den beiden Jungens: Sie misst Blutdruck und Temperatur. Sie bringt Tee und Hustensaft. Sie begleitet den Arzt bei der Visite. Und immer ist Sandy dabei. Sie hat allerlei Unsinn im Kopf: Die kleine Bernhardinerin jagt durch das Zimmer, versteckt sich unterm Bett – und klettert am Fensterbrett hinauf. Und dann schläft sie unten im Teewagen wieder eine Runde.

Und sobald Schwester Franziska mit ihrer Sandy mal eine Weile nicht im Zimmer ist, klingelt bestimmt entweder Tim oder Anton: „Können Sie mir helfen, dass ich mich gerade hinlegen kann?" „Ich habe hier einen roten Punkt am Arm. Kann ich ein Pflaster haben?" Oder auch: „Mir tut mein Bein weh." Aber wenn die Jungs ehrlich sind, geht es ihnen gar nicht so schlecht, wenn sie nach der Schwester rufen. Eigentlich hoffen sie nur jedes Mal, dass Schwester Franziska wieder ihre Sandy mitbringt. Zum Glück tut sie das meistens. Wahrscheinlich sind auf Schwester Franziskas Station in diesen Wochen durch die kleine Bernhardinerin Sandy mehr Menschen gesund geworden als durch Pflaster, Tropfen und Tabletten. Danke, Schwester Sandy.

Gesprächsimpuls

Ein Hund tut einfach gut. Was kann man alles mit einem Hund tun, das auch dem Menschen gut tut? Beispiele: Streicheln, kraulen, spazieren gehen, umarmen …

Was lange währt, wird endlich gut

Aktivierungstipp

Bringen Sie ein oder mehrere Bücher oder Zeitschriften mit, in denen es um Hunde geht. Blättern Sie gemeinsam darin.

Eigentlich hat sie etwas ganz anderes gesucht. Erna Schneider wühlt sich durch den Speicher. Ihr Schäferhund Paul ist dabei. Er schnüffelt an den Kisten. Auf dem Speicher liegen Teppiche mit Löchern, zu eng gewordene Hosen und Blusen – aber auch Tassen und Teller mit abgeschlagenen Ecken. Und plötzlich findet Erna es: das Buch.

Es ist ein ganz besonderes Buch. Sofort setzt Erna sich auf den Boden. Sie bläst eine Staubschicht von den Buchdeckeln. Die Staubwolke umgibt die alte Dame. Es kratzt in ihrem Hals. Und sie muss kräftig husten: „Dass ich das noch einmal in die Hände bekomme“, seufzt sie und blättert drauf los.

Es ist ein Hundebuch. Als Kind hat sie es sich in der Bücherei ausgeliehen. Nun blättert sie darin und erinnert sich an jene Tage, als sie das Buch zum ersten Mal in der Hand hatte. Der Einband fühlt sich inzwischen rau an. In dem Buch findet sie Zeichnungen von Hunden: Von A wie Affenpinscher bis Z wie Zwergspitz. Das Buch zeigt kurz- und langhaarige Vierbeiner. Es erzählt, welcher Hund wie viel Bewegung braucht, welche Arten von Fressen sie mögen und welche Spiele Hunde gerne spielen …

Und während sie auf dem Boden des Speichers sitzt, erinnert sie sich: „Meine Eltern wollten nie einen Hund." Die Eltern waren Katzenliebhaber: Denn Katzen haben ihren eigenen Kopf, hat der Papa immer gesagt. Und die Mutter hat es von der praktischen Seite gesehen: „Katzen machen weniger Arbeit, sie fangen die Mäuse – und streicheln kannst du eine Katze ja auch", erklärte sie mit strahlenden Augen. Schäferhund Paul setzt sich neben Erna und lässt sich den Hals kraulen.

Aber seit Klein-Erna dieses Hundebuch ausgeliehen hatte, wollte sie unbedingt einen Hund. Weil das aber nicht ging, besuchte sie regelmäßig das Tierheim. Dort ging sie mit Doggen, Huskys und Münsterländern spazieren. Sie bürstete Malteser, Schnauzer und Terrier. Sie fütterte Boxer, Pudel und Zwergschnauzer. Als sie erwachsen war, nahm sie Hunde bei sich zuhause auf, die nicht mehr in ihren Familien bleiben konnten – und kümmerte sich um ausgesetzte und verwilderte Hunde. Sie bildete Hunde aus – und erklärte ihren Haltern, wie man einem Hund beibringt, dass er „bei Fuß" geht, Pfötchen gibt und Fährten liest. Und wenn Oma Erna nun in diesem Buch blättert, muss sie lachen: „Nein, mein Leben war nicht für die Katz. Es war für den Hund."

Da fällt ihr Blick auf eine Tabelle, die hinten im Buch steckt. Der Abdruck eines Stempels verrät: „Rückgabe am 30.6." Die Tinte der Jahreszahl ist blass. Aber Erna meint, das Jahr erahnen zu können. Sie schmunzelt und runzelt die Stirn. „Damals war ich 11 Jahre alt."

Erna steckt sich das Buch in den Rucksack. Ihren Schäferhund schnallt sie an die Leine. Und dann macht sie sich auf den Weg zur Bücherei. „Schauen Sie mal, was ich auf meinem Speicher gefunden habe. Das möchte ich zurückbringen", beichtet sie der Frau, die am Computer sitzt.

Diese tippt den Namen des Buches in den Computer. Dann zieht sie einen Ordner mit Listen aus dem Regal und blättert darin: „Also ich kann das Buch nirgends mehr finden. Behalten Sie es doch einfach."

Erna Schneider lächelt. „Gut, dass Sie es nicht gefunden haben. Sonst würde es inzwischen sicher so viel Mahngebühren kosten wie ein kleines Auto."

Die Frau am Computer nickt. „Da haben Sie wahrscheinlich recht."

„Dann schenke ich das Buch meiner Enkelin", schmunzelt Erna. „Wenn es in ihrem Leben so viel bewirkt wie bei mir, dann ist das mehr wert als jedes Auto." Und dann nickt sie der Dame zu und geht mit ihrem Schäferhund nach Hause.

Gesprächsimpuls

Hund oder Katze? Was ist Ihnen lieber? Was sind Unter schiede?

Ein treuer Gefährte für das ganze Leben

Ein Dalmatiner für Laura

Aktivierungstipp

Sammeln Sie Begriffe von A-Z, die mit dem Thema Hund zu tun haben (die Begriffe dürfen ruhig weit hergeholt sein, wie etwa der Baum, an dem Rüden ihre Notdurft verrichten). Fällt Ihnen für einen schwierigen Buchstaben nichts ein, überspringen Sie ihn einfach. Beispiele: Appenzeller, Baum, Chip, Dalmatiner, Essen, Futter, Gassi, Halsband, Idefix, ...

Laura will einen Hund. Einen Dalmatiner. Aber ihr Papa sagt: „Nein, Laura. Du bist noch zu klein." Denn Laura ist erst vier Jahre alt. „Du musst noch ein bisschen warten. Vielleicht, wenn du sechs bist", macht ihr der Vater Hoffnung. Sooo lange warten – Laura findet das viiiel zu lang!

Im Frühling geht Laura mit ihrem Bruder Jan und der Familie auf den großen Jahrmarkt. Draußen ist es schon so warm, dass Jan sein Fußballtrikot anziehen kann. Er liebt nämlich Fußball. Es riecht auf dem Markt nach Bratwurst, Pommes und gebrannten Mandeln. Jan will gleich an der Schießbude sein Glück probieren. Prompt trifft er dreimal. Er gewinnt eine Plastikrose – die schenkt er seiner Mutter.

Da kommen sie an einer Losbude vorbei. Und da sitzt er – ganz oben: Ein Plüsch-Dalmatiner. Weiß, mit vielen schwarzen Punkten. Genau so einen, wie Laura haben möchte.

Die Familie schlendert weiter über den Jahrmarkt. Die

Orgel des Karussells pfeift vor sich hin, aus dem Festzelt hört man eine Blechblaskapelle – und laute Ansagen laden zur nächsten Fahrt mit dem Riesenrad ein.

Laura ist ruhig, tief in Gedanken versunken.

Papa fragt: „Möchtest du mal Riesenrad fahren?“

Laura schüttelt den Kopf.

„Zuckerwatte?“

„Nein, keine Lust.“

Papa deutet auf einen Clown, der ein Bündel mit großen bunten Luftballons in der Hand hält. „Kann ich dir vielleicht mit einem Luftballon eine Freude machen?“

Laura antwortet: „Nein. Aber ich würde so gerne den großen Dalmatiner von der Losbude gewinnen.“

Papa zuckt mit den Schultern. „Das könnte schwierig werden. Der Dalmatiner ist der Hauptgewinn.“

Aber die Familie versucht ihr Glück. Zehn Lose gibt es für Laura und zehn für Jan.

Sie öffnen ein Los nach dem anderen. Es sind viele Nieten dabei. Ein Schraubenzieher als Trostpreis. Eine Hupe für das Fahrrad. Und: Laura gewinnt auch noch eine Trillerpfeife.

Sie lässt den Kopf hängen. Mama raunt ihr zu: „Willst du die Pfeife deinem Bruder schenken? Der ist doch ein großer Fußballfan?“ Wortlos streckt sie ihrem Bruder die Pfeife hin. „Vielen Dank“, ruft der. „Jetzt habe ich meine eigene Pfeife. Wie ein richtiger Schiri.“ Spricht‘s – und pfeift gleich einmal kräftig los.

Die Kinder haben jetzt nur noch zwei Lose. Und Laura würde immer noch so gerne den Dalmatiner gewinnen. Laura greift nach ihrem letzten Los. Sie reißt es an der Seite auf und rollt es auf: „Niete. Schon wieder!“ Laura wirft es auf den Boden und stampft mit dem Fuß darauf.

Dann öffnet Jan sein letztes Los. Und er strahlt bis an

die Ohren: „Hauptgewinn." Er hält dem Besitzer der Losbude sein Los hin. Der holt den Dalmatiner aus dem obersten Regal und gibt ihn Jan. Jan strahlt – und reicht den schwarz-weißen Vierbeiner seiner Schwester: „Ich habe ja schon meine Pfeife", erklärt er. „Du kannst den Dalmatiner haben."

Laura lacht. Ein Glück, wenn man so einen Bruder hat. Der Papa klopft ihr auf die Schulter und verspricht: „Und in zwei Jahren holen wir uns einen echten Dalmatiner."

Gesprächsimpuls

Waren Sie früher oft auf dem Jahrmarkt? Sind Sie dort auf die Schiffschaukel? Was haben Sie auf dem Markt am liebsten gegessen? Wo waren Sie auf dem Rummelplatz?

Laika kennt den Weg

Aktivierungstipp

Quiz: Wobei handelt es sich um eine Käsesorte? Und wobei um eine Hunderasse? Romadur (Käse), Münsterländer (Hund), Beagle (Hund), Tilsiter (Käse), Appenzeller (beides). Bilder von Käsesorten und Hunderassen aus dem Internet (https://pixabay.com/de/) können die Aktivierungsrunde ansprechender machen.

Das ist anstrengend. Die Muskeln schmerzen und die Kälte kriecht ihnen unter die Haut. Papa, Mama und Sohn Steffen sind erschöpft. Steffen schimpft: „Warum sind wir bloß Wandern gegangen und nicht ans Meer gefahren?" Schon den ganzen Tag stapfen sie den Berg hinauf – und das Ziel ist noch nicht in Sicht. Nur der Bernhardiner Laika zottelt fröhlich vor sich hin. Mal rennt er voraus. Mal schnüffelt er im Waldboden oder zottelt hinter der Familie her.

„Wir wollten doch am frühen Abend bei der Hütte ankommen", murmelt Mama vor sich hin. Sie träumt vom leckeren Bergkäse, den es nur auf der Alm in den Alpen gibt. Und von frischem Brot. Aber daraus scheint ja nun nichts zu werden. Auch Papa lässt die Schultern hängen.

Dabei hat anfangs alles so verheißungsvoll ausgesehen. Papa hat auf der Landkarte den Weg gefunden und sie sind stramm nach seinen Anweisungen weiter gewandert. Und dann kam der Nebel – und er wurde immer dichter. Der

Vater hat die Familie beruhigt. „Das ist nicht schlimm. Wir haben ja einen Kompass. Der funktioniert auch bei Nebel. Und auch Hündin Laika hat vor sich hin geschnüffelt. Und Mama hat sich gedacht: Wenn es mit Papas Kompass nichts wird, dann wird Laika den Weg finden. Dann begann es zu regnen. Die Landkarte des Vaters durchweichte. Und auch Laika konnte im Regen keine Fährte mehr auf dem Weg lesen. Bis Mama irgendwann nur noch den Kopf schüttelte: „Es ist aussichtslos. Wir finden die Hütte heute nicht mehr. Kommt, wir übernachten hier unter diesem Felsvorsprung."

Und eigentlich wäre es auch gemütlich. Besonders, wenn man eine kuschelige Hündin wie Laika dabei hat. So legen sich alle rund um den Bernhardiner. Aber – die Hündin will nicht liegen bleiben. Laika springt auf. Sie bellt die Familie an. Dann springt sie weg. „Kommt mit, ihr drei!", scheint das Bellen zu heißen.

Und so packen sie wieder alles in ihre Rucksäcke und kommen mit. Um ein paar Bäume herum, über einen kleinen Hügel – und sie sehen plötzlich ein Licht, das durch den Nebel leuchtet. Von Schritt zu Schritt wird es heller. Und je näher sie der Hütte kommen, umso deutlicher wird der Geruch. Es riecht nach Bergkäse und frisch gebackenem Brot.

Gesprächsimpuls

Können Sie sich in der Natur gut orientieren? Finden Sie meistens den Weg oder verlaufen Sie sich auch manchmal?

Zottlis großes Abenteuer

Aktivierungstipp

Sammeln Sie Hunderassen von A-Z. Affenpinscher, Beagle, Collie, Dalmatiner, Labrador, Münsterländer, Pudel, Rottweiler, Schnauzer …

Zottli ist ein Golden Retriever. Eine Hündin mit beigem Fell, langen Ohren und einem buschigen Schwanz. Wegen ihrer langen Haare und ihrem zotteligen Fell heißt sie „Zottli". Sie lebt schon lange bei Familie Kramer mit ihren drei Kindern. Da geht es immer laut zu: Das Baby schreit, die Tür fliegt auf und zu – oder es stampft jemand durch die Wohnung. Zottli gefällt es bei Familie Kramer. Sie ist gerne bei ihren Menschen. Aber manchmal legt sie ihren Kopf schief, zieht den Schwanz ein und denkt: „Mir ist es hier zu laut. Ich muss mal weg."

Zottli sitzt oft im Flur und schaut durch das Fenster hinaus. Eines Tages sieht sie einen Hund vorbeigehen. Eine große, schwarze Dogge. Wie der wohl riecht, denkt sich Zottli. Eines Tages hat Frauchen die Tür einen Spalt offen gelassen. Die Hundebesitzerin steht gerade am Herd und rührt in einem Topf. Es riecht nach Kartoffelcremesuppe. Ihre weiße Kleidung strahlt im Sonnenlicht. Zottli schleicht an ihrem Frauchen vorbei, schiebt die Nase in den Türspalt. Sie schiebt die Tür langsam auf – und der Golden Retriever schlüpft hinaus.

Die dunkle Dogge ist nirgends zu sehen. Aber zu riechen. Zottli nimmt die Fährte auf. Zottli pirscht sich ein paar Straßen weiter. Im Stadtpark am Teich verliert sich die Spur der Dogge. Aber da schwimmen ein paar Enten über den Tümpel. Zottli springt ins Wasser. Sie paddelt ihnen hinterher. Die Enten quaken. Sie schwimmen und flattern davon. Aber kaum ist Zottli wieder draußen, riecht sie die Fährte der Dogge wieder. Jetzt geht's immer der Schnüffelnase nach! Quer durch den Park, unter mächtigen Eichen hindurch. Und plötzlich sieht sie sie. Zottli und die Dogge springen aufeinander zu. Die Dogge hängt noch an der Leine ihres Besitzers. Doch der kann seinen Hund nicht mehr halten. Zottli und die Dogge jagen einander durch den Park. Sie hecheln und haben viel Spaß.

Doch da plötzlich: ein Pfiff. Die Dogge zuckt zusammen – der Pfiff kam von ihrem Herrchen. Die Dogge springt zu dem Mann. Der greift nach der Leine und sie ziehen weiter.

Zottli legt sich auf den Boden. Sie muss ganz schön schnaufen. So sehr ist sie aus der Puste gekommen. Nachdem sie eine Weile ausgeruht hat, hört sie ein Knurren. Das ist ihr Magen. Da fällt Zottli ein, dass sie Hunger hat. Und der Golden Retriever zottelt wieder nach Hause. Denn Durst ist schlimmer als Heimweh. Und Hunger schlimmer als laute Kinder. Sollen die doch schreien und mit den Türen knallen. Hauptsache satt.

So schleicht sich die matschige Hündin wieder in die Wohnung. Die Hundebesitzerin steht immer noch am Herd und rührt in der Suppe. Hmmm, wie das duftet. Vielleicht fällt ja etwas für sie ab. Zottli stellt sich neben sein Frauchen – und schüttelt sich zur Begrüßung erst einmal kräftig. Auf Frauchens weißer Hose, Hemd, Händen und Gesicht sammeln sich viele Schmutz-Pünktchen.

Gesprächsimpuls

Ausbrechen aus dem Alltag! Ist das nur typisch für einen Hund? Oder brauchen wir Menschen das manchmal auch? Was könnten Beispiele sein? Erzählen Sie davon: Badeurlaub, Bergtour, Spaziergang, Schwimmen gehen, Gartenarbeit, Telefonieren,...

Bobby ist tot

Aktivierungstipp

Welche Farben kann ein Fell eines Hundes haben? Weiß, schwarz, grau, rot? (Mit dieser Frage soll das Gedächtnis angekurbelt werden. Es geht nicht um richtig oder falsch. Selbst wenn jemand „blau“ sagt, ist das in Ordnung.)

Dies ist eine traurige Geschichte. Ich weiß nicht, ob ich sie erzählen soll. Aber auch der Tod gehört nun einmal zum Leben. Es geht um Bobby, unseren haarigen Freund. Bobby mit seinem Zottelfell ist ein Bobtail – oder man nennt diese Rasse auch „Alten Englischen Schäferhund“.

Habe ich gesagt, er ist ein Bobtail. Oh nein, das habe ich falsch gesagt. Und das ist ja auch das Traurige. Er war ein Bobtail, müsste ich sagen. Denn Bobby ist jetzt gestorben.

14 Jahre hat er bei uns gelebt, unser zotteliger englischer Schäferhund. Stundenlang habe ich seine langen Haare gebürstet. Er war ein lebhafter Geselle und ist durch den Garten getobt. Wenn wir spazieren waren, durfte sich niemand von der Familie zu weit entfernen – sonst wurde der Schäferhund in Bobby geweckt. Er wollte immer die Herde zusammenhalten. Und wir als Familie waren seine Herde. Also hat er uns zusammengetrieben.

Vor ein paar Monaten hat er Schmerzen in der Hüfte bekommen. Seine Lebensfreude war plötzlich weg. So aufgeweckt wie er immer war – plötzlich war es vorbei. Er schaute traurig vor sich hin. Die Augen, die sonst immer geleuchtet haben, waren trüb. Er hatte keine Lust mehr, herumzutoben oder Spaziergänge zu machen. Immer wieder schaute er mich an, als wenn er sagen wollte: „Ich habe genug. Ich bin alt. Ich bin erschöpft.“ Er hechelte und ließ den Kopf hängen.

Wir haben dann den Entschluss getroffen, ihn einschläfern zu lassen. Ich höre mich zuhause noch sagen: „Verabschiedet euch von Bobby. Wir gehen jetzt zum Tierarzt.“ Ich musste schlucken und habe mit den Tränen gekämpft. Aber ich wollte auf seinem letzten Weg dabei sein.

Beim Tierarzt hielt ich ihm die Pfote bis zuletzt. Mit der anderen Hand habe ich sein zotteliges Fell gestreichelt, ein letztes Mal. Ich habe Bobby die ganze Zeit in die Augen geschaut. Bis sein Blick langsam verschwamm – und ich merkte, dass er nicht mehr lebte. Es war merkwürdig. Ich war in diesem Augenblick überhaupt nicht traurig. Sondern erleichtert, dass wir uns so entschieden haben. Froh, dass Bobby keine Schmerzen mehr litt. Und dankbar für all die schönen Erinnerungen.

Im Garten buddelten wir ein Loch. Fast einen Meter tief. Und das im heißen Sommer. Wir haben uns beim Graben abgewechselt. Es war ganz schön schweißtreibend. Das Grab haben wir verziert. Aus Steinen haben wir ein Herz gelegt – und mit Steinen haben wir Bobby hineingeschrieben.

Dann hat jeder noch einmal eine Geschichte erzählt, die er mit Bobby erlebt hat. Vor meinem inneren Auge liefen ganze Szenen ab: Bobby, der in mein Bett gesprungen ist und mich nach dem Tod meiner Tante getröstet hat. Bobby, der unsere Schuhe zerbissen hat. Bobby, der mir die Wurst vom Teller geklaut hat.

Bobbys Leben war einmalig. Schön, dass er bei uns war. Wir werden ihn nie vergessen.

Gesprächsimpuls

Was haben Sie mir Ihrem Hund besonders gerne gemacht? Gespielt, Gassi gegangen, gebürstet …

Und Papa war dagegen

Aktivierungstipp

Diese Buchstaben zu Begriffen rund um den Hund sind durcheinander gekommen. Ordnen Sie diese gemeinsam (Vorbereitung: Die Buchstaben in großer Schriftart ausdrucken und ausschneiden, sodass man sie auf dem Tisch hin und her schieben kann): ENIEL (Lösung: Leine), PFAN (Lösung: Napf), HTETÜ (Lösung: Hütte).

Familie Breitmeyer hat immer noch keinen neuen Hund. Überall in der Wohnung riecht es noch nach dem früheren Vierbeiner der Familie. Der ist aber schon seit sechs Wochen tot. Papa schüttelt den Kopf. „Also ich finde, wir werden auch ohne Haustier glücklich."

Mama und Sohn Lukas schauen sich an. Mama sagt nichts. Sohn Lukas wischt eine Träne von seiner rechten Wange. Doch eines Tages ist eine Anzeige in der Zeitung: „Rottweiler-Welpen an liebevolle Familien abzugeben." Lukas schaut sich das Foto über dem Text an. Dann zeigt er die Anzeige seiner Mutter. Die Mama legt den Kopf schief. „Oh, sind die aber schön."

Papa wirft auch einen Blick auf die Zeitung. Er knurrt: „Wir brauchen keinen Hund mehr."

Immer wieder werfen Mama und Lukas einen Blick auf die Zeitungsseite. Sie schieben sich die Anzeige zu, betrachten sie und lächeln sich an. Irgendwann schluckt der Vater: „Na gut. Dann seht euch doch morgen früh gleich mal die Hunde an." Am nächsten Morgen sitzen die beiden schon früh im Auto und fahren los.

Der Vater schüttelt den Kopf. „So wie ich die beiden kenne, kommen die mit einem Hund zurück", murmelt er vor sich hin. Also schnappt der Papa sich ein paar Balken, Bretter und Nägel und geht in den Garten. „Aber wenn die einen großen Rottweiler nach Hause bringen, muss der draußen schlafen", brummelt er. Der frühere Hund der Familie war klein und verschmust und durfte in die Wohnung. „Aber ein Rottweiler – nein, der muss im Freien bleiben." Und schon zimmert der Papa im Garten eine Hundehütte zusammen.

Nach einer Weile hört der Vater die Autotüre: Wums. Dann hört er ein leises Kläffen. Mama ruft: „Überraschung." Und Sohn Lukas triumphiert: „Wir haben wieder einen Hund. Karlchen."

Und der Papa ruft zurück: „Ich habe auch eine Überraschung. Hier gibt es eine neue Hundehütte."

„Aber -" Lukas schluckt. „Karlchen soll doch mit uns in der Wohnung wohnen."

Da antwortet der Vater: „Nie und nimmer. Aus Karlchen wird ein Karl werden. Womöglich soll er auch noch in deinem Bett schlafen. Nein, das geht nicht. Basta."

Lukas holt Luft. Doch die Mutter legt ihm die Hand auf die Schultern. „Warte ab. Du wirst schon sehen. Das erledigt sich bald von selbst." Und das tut es dann auch …

Schon am späten Vormittag tapst Karlchen unbeholfen in den Flur. Mittags schafft er es in die Wohnung. Am Abend schleicht Karlchen ins Wohnzimmer. Und in der Nacht schlüpft er in Papas Bett und kuschelt sich an ihn. Im Halbschlaf streichelt der Vater das kleine Karlchen.

Lukas fragt am nächsten Morgen: „Warum hat Karlchen denn nicht in seiner Hütte geschlafen?"

Der Vater schüttelt den Kopf. „Ach, jetzt sei doch nicht so. Er gehört doch schließlich zur Familie."

Gesprächsimpuls

Wie hat sich ein Hund bei Ihnen zu verhalten? In welche Räume darf er? Wo darf er nicht hin? Darf er im Bett schlafen?

Das neue Familienmitglied

Aktivierungstipp

Thema „Familienmitglied". Schauen Sie ein altes Fotoalbum mit Bildern Ihres Gegenübers von früher an, idealerweise aus seiner Kindheit. Erkennt er seine Familienmitglieder aus der Kindheit? Kann er Vater, Mutter und Geschwister mit Namen benennen?

Peter ist im Urlaub. Jeden Morgen geht er auf den Markt – und kauft von dem duftenden Obst und Gemüse. Soviel, wie er eben für den Tag braucht. Auf seinem Weg zum Markt kommt er jeden Tag an einem Haus vorbei. Neben dem Haus befindet sich eine Hundehütte. An der Hundehütte ist ein kleiner Hund angebunden. Ein weißer Terrier mit Hängeohren und großen, braunen Augen. Der Hund ist schmutzig, sein Fell sieht zerrupft aus. Anstatt eines Wassernapfes muss er aus einer Pfütze trinken.

Jedes Mal, wenn Peter vorbei kommt, wechseln er und der Hund traurige Blicke. Peter fragt sich, wem er wohl gehören würde. So ein Hund braucht doch auch einen Freund, denkt er. Warum nur sperrt jemand seinen Hund weg?

Eines Abends sieht er von Weitem einen Mann. Der Hundebesitzer stapft durch den Hof. Er kommt am Hund vorbei. Der Hund schaut an ihm hoch. Dem Mann liegt der Hund wohl im Weg und er schiebt ihn mit seinem Fuß beiseite, ohne auch nur ein Wort zu sagen.

Peter nimmt all seinen Mut zusammen. Er stellt sich an den Zaun. Die Arme verschränkt er in die Hüften. Dann ruft er: „Ihr Hund tut mir leid."

Der Mann schüttelt den Kopf. „Das ist der blödeste Köter, den es gibt. Der ist zu nichts zu gebrauchen."

Peter lässt den Kopf hängen. Er murmelt vor sich hin: „Ich finde, er hätte ein besseres Leben verdient."

Sofort antwortet der Besitzer: „Dann nehmen Sie ihn doch mit."

Das lässt sich Peter nicht zweimal sagen. Durch das Gartentor tritt er ein. Er bindet die Leine los. Der braune Vierbeiner blickt an Peter hinauf, als wenn er ihn schon lange kennen würde und schmiegt den Kopf an seine Seite. Und schon gehen die beiden fort, als wenn es das Normalste wäre.

Der Besitzer schaut den beiden mit offenem Mund hinterher – er hat wohl nicht damit gerechnet, dass Peter den Hund tatsächlich mitnimmt.

Peter bringt seinen neuen Freund gleich zum Tierarzt.

„Das ist Schneemann", stellt er seinen Hund vor. Und er erklärt ihm, woher er ihn hat und warum er glaubt, dass sein Fell bald wieder so weiß und rein glänzen wird wie bei einem Schneemann.

„Na, da hat er jetzt ja ein gutes Zuhause gefunden", sagt der Doktor. Der Tierarzt kümmert sich auch darum, dass der Hund keine Zecken, Flöhe und Würmer hat. Und er bekommt gleich eine Impfung. Dann sagt der Tierarzt: „Und jetzt müssen Sie ihn nur noch jeden Tag einmal bürsten und kräftig lieb haben."

Gesagt, getan. Peter nimmt den Hund mit nach Hause. Der Hund lebt noch viele Jahre bei ihm. Und Peter hat immer das Gefühl, dass der Vierbeiner ihn dankbar anschaut.

Gesprächsimpuls

Rassehund oder Mischling? Vom Züchter oder von der Straße? Kerngesund oder krank? Welpe oder Senior? Welche Hunde haben Sie bevorzugt?

Der beste Freund des Menschen

Casa, der Zuhause-Hund

Aktivierungstipp

Kennen Sie ein paar italienische Wörter aus Ihrem Urlaub in Italien oder von italienischen Gastarbeitern aus Ihrem Arbeitsumfeld? Beispiel: Grazie – Danke, Per favore – Bitte, Scusi – Entschuldigen Sie, Arrivederci – Auf Wiedersehen, Buon giorno – Guten Morgen, Si – Ja, No – Nein, Prego – Gern geschehen.

„Puh, ist das kalt! Nicht so wie früher in Italien." Lorenz zieht sich den Mantel ins Gesicht, sein langer grauer Bart verschwindet darunter. Die Zähne von Lorenz sind matt. Der alte Mann lebt auf der Straße.

„Das waren noch Zeiten, früher in Italien", murmelt er vor sich hin. Nicht, dass Lorenz jemals in Italien gelebt hätte. Nein, aber er hat dort Urlaub gemacht. Jedes Jahr. Das Land am Meer war seine zweite Heimat. Er liebte es, an der Adria in der Sonne zu liegen, in der Toskana Pizza zu essen oder auf Sizilien Rotwein zu trinken.

Lorenz richtet sein Nachtlager wie jeden Abend unter der Brücke auf. Er legt sich in seinen abgeschabten Schlafsack. Während er vor sich hin redet, steigen Dampfwolken aus seinem Mund in die kalte Winterluft. Er schlottert. Lorenz legt sich hin, seine Hände sind kalt. Da – plötzlich. Lorenz ist gerade am Einschlafen. Da spürt er etwas Warmes an seiner Hand. Es ist weich. Er blinzelt im Halbschlaf: Da hat sich ein Hund neben ihn gelegt. Ein Collie!

Die Schnauze hat er auf die Hand des armen Bettlers gelegt. Lorenz kann gar nicht anders – er streichelt das Hundefell im Halbschlaf. Die ganze Nacht.

Am nächsten Tag packt der Landstreicher seine sieben Sachen wieder in seinen Rucksack und zieht weiter. Der Collie folgt ihm, Schritt für Schritt. Der Vierbeiner weicht nicht von der Seite des Zweibeiners.

In der nächsten Nacht legt sich der Hund wieder neben Lorenz. Er schmiegt seine warme Schnauze auf die kalte Hand des Obdachlosen. Lorenz krault den Hund die ganze Nacht. „Wenn du da bist, brauche ich gar nicht mehr von Italien zu träumen", sagt Lorenz zu seinem neuen Freund. „Mit dir ist mir nicht mehr kalt. Du hast so ein warmes Fell", murmelt er und schläft ein.

In der folgenden Nacht schmiegt sich der Collie wieder an die Seite von Lorenz. Da sagt er: „Wenn du bei mir bleibst, nenne ich dich Casa. Das ist italienisch – und heißt: Heimat, Haus, Zuhause." Denn wenn der Collie bei Lorenz ist, fühlt sich der heimatlose Mann daheim. Und wenn der Landstreicher bei Collie Casa ist, fühlt sich der herrenlose Hund ebenfalls zuhause.

Gesprächsimpuls

Wo ist Ihr Zuhause? Dort, wo Sie Ihre Kindheit verbracht haben? Dort, wo Sie es sich als Erwachsener gebaut haben? Dort, wo Sie sich von Ihrem Gegenüber/Ehepartner angenommen fühlen? Dort, wo Ihr Bett ist?

Ein Fall für Kommissar Knörzer

Aktivierungstipp

In welche Gruppen kann man Hunde nach ihren Aufgaben einteilen? Ein Beispiel ist der Polizeihund. Fallen Ihnen noch mehr Beispiele ein? Beispiele: Hütehund, Wachhund, Schoßhund, Hirtenhund, Blindenhund, Therapiehund …

Kommissar Knörzer hatte immer den besten Riecher. Das munkeln jedenfalls seine Kollegen, wenn der Polizist wieder einmal einen Fall aufgeklärt hatte. Aber das stimmt nicht ganz. Denn eigentlich war es immer Knörzers Hund, der den richtigen Riecher hatte. Der Kommissar hat oft gesagt: „Was wäre ich ohne meinen Schäferhund?“ Seine Vierbeiner bildete er in allem aus, was Polizeihunde können müssen. Sie schnüffelten und suchten nach der Beute. Sie bellten die Bösewichte an. Und sie beschützten den Kommissar.

Knörzers erster Polizeihund hieß Knurr. Der jagte einmal einen Dieb. Dann packte er den Bösewicht am Bein und hielt ihn fest, bis ihm Kommissar Knörzer die Handschellen angelegt hatte. Danach begleitete ihn sein nächster Hund Krümel. Einmal stellte Krümel einen Drogendealer. Stolz erzählt der Kommissar: „In den Schuhen hatte der Rauschgift versteckt. Und Krümel hat es erschnüffelt.“ Ein andermal geriet der Kommissar in eine Schlägerei.

Zwei Räuber prügelten sich mit dem Polizisten. Dann fing sein nächster Hund Karl an, laut zu bellen. Beide Räuber erstarrten vor Schreck. Und der Kommissar musste nur noch die beiden Diebe fassen.

Aber jetzt ist der Tag gekommen. Kommissar Knörzer geht in den Ruhestand. Kurz danach stirbt sein Hund.

Knörzer murmelt: „Ein Leben ohne Hund ist wirklich traurig. Was mach ich nur?“ Bald wählt er die Nummer eines Züchters: Der hat doch immer die besten Polizeihunde verkauft. Der Züchter ruft ins Telefon: „Ich habe gerade ein paar Welpen da. Wunderschöne Schäferhunde. Ein Weibchen und drei Männchen. Kommen Sie ruhig vorbei, Kommissar Knörzer.“

Knörzer schmunzelt: „Den Kommissar können Sie ruhig weg lassen. Ich bin Polizist in Pension. Eigentlich bin ich jetzt nur noch Knörzer.“

Bald besucht er den Züchter. Auf dem Weg grübelt er, wie sein neuer Hund am besten aussehen soll. Er murmelt vor sich hin: „Am besten ein Rüde. Ja, ein richtiger Kerl. Er sollte mutig sein und stark. Ein Draufgänger eben.“

Im Garten des Züchters spielen die vier Welpen. Eine kleine braune Hündin kommt besonders tollpatschig daher. Sie ist wackelig, stupst die anderen an. Und sie hinkt auch noch ein bisschen. Knörzer zieht den Mundwinkel nach unten. „Also die will ich schon mal nicht“, murmelt er.

Eine Weile lang beobachtet er die anderen drei Hunde. Aber er kann sich einfach nicht entscheiden. Alle drei gefallen ihm. Während er dem Trio zuschaut, tapst die kleine braune Hündin zu ihm. Sie schmiegt sich an die Beine des ehemaligen Kommissars. Dann rutscht sie nach unten, schließt die Augen – und schläft ein. Knörzer schaut an sich herunter. Dann schmunzelt er und krault den Vierbeiner am Kopf. Die kleine Hündin hat so ein flauschiges Fell. Knörzer kann gar nicht aufhören. Immer wieder streichelt er der tollpatschigen kleinen Hündin übers Fell. „Na gut, dann nehme ich dich halt doch“, seufzt er schließlich.

Gesprächsimpuls

Wie könnte die Geschichte weitergehen? Der Hund wird doch noch zum Draufgänger. Der Kommissar verändert sich, wird milde im Alter und hat viel Freude an seinem nicht ganz so draufgängerischen Hund. Er holt sich noch eine Katze dazu und die zwei Tiere werden beste Freunde.

Das Hundehäufchen im Vorgarten

Aktivierungstipp

Bringen Sie Hundezubehör mit – zum Beispiel eine Leine oder ein Halsband. Geben Sie es Ihrem Gegenüber in die Hand. Lassen Sie Ihre Zuhörer daran tasten.

Leo Knauserich liebt seinen Vorgarten. Er pflegt ihn ständig akkurat. Der Rasen ist auf die richtige Länge geschnitten. Im grünen Rasenmeer befinden sich einige bunte Inseln. Darin leuchten rote, gelbe und blaue Blumen. Zackige Steine umrunden die Blumeninseln.

Eines Tages öffnet Leo Knauserich seine Haustüre und tritt heraus. Das heißt: Er will heraustreten. Aber dann zuckt er zusammen. Denn da steht ein großer, haariger Vierbeiner. Herr Knauserich sieht den Hund nur von hinten. Er hockt da und setzt ein großes braunes Häufchen ab. Der dünnflüssige Brei fließt über das grüne Gras, über einen der Steine – und über eine dunkelrote Dahlie. Einige Blütenblätter werden von dem braunen Brei mitgerissen und fallen auf den Boden. Der sanfte Wind weht den Geruch direkt in Herrn Knauserichs Nase.

Herr Knauserich schüttelt den Kopf. „So ein blöder Köter“, knurrt er vor sich hin.

Der Hund hängt an einem Halsband und daran befindet sich eine Leine. Der Besitzer ist aber nicht zu sehen. Er steht hinter der Hecke. Herr Knauserich bekommt einen knallroten Kopf: „Wenn der hinter der Hecke hervorkommt, sage ich ihm, für wie unmöglich ich das halte“, murmelt er. Hunde sollte man erziehen. Und wenn man das nicht schafft, sie wenigstens an der Leine weiterziehen. Knauserich flüstert vor sich hin: „Warte nur, Bürschchen.“ Und damit meint er gar nicht den Hund. Sondern seinen Besitzer hinter der Hecke. Das wird wohl ein bärtiges, ungepflegtes Raubein sein, ist sich Knauserich sicher. Und: „Dem werde ich schon beibringen, was es heißt, Verantwortung für seinen Hund zu übernehmen.“

Knauserich holt tief Luft – und will schon lospoltern. Mit einer Hasstirade, einer Gardinenpredigt, einer Standpauke. Aber: Da tritt plötzlich der Besitzer hinter der Hecke hervor. Genau genommen ist es eine Besitzerin, die da an der Leine hängt. Eine Frau im besten Alter. Herr Knauserich findet sie hübsch.

Herr Knauserich hält die Luft an. Er getraut sich nicht, etwas zu sagen. Da ruft die Frau: „Entschuldigung. Meine Luna hat ihr großes Geschäft in Ihren Garten gemacht.“ Dann erzählt sie Leo Knauserich, dass sie seit letzter Woche direkt neben ihm wohnt. Dass sie Elisabeth heißt. Dass sie Herrn Knauserich schon aus ihrem Fenster beobachtet hat, wie er das Gras gemäht hat. Und dass sie ihn auf einen Kaffee einladen wollte. Sie sagt: „Ich hole zuhause eine Tüte und räume das Häufchen weg.“

Leo zieht die Augenbrauen hoch. Er lächelt. „Nicht nötig, lassen Sie nur. Ich mache es gleich sauber.“

Gesprächsimpuls

Was muss man eigentlich tun, damit ein Hund stubenrein wird? Haben Ihre Hunde ihre Notdurft auch mal in Nachbars (Vor-)Garten erledigt? Und wie reagieren Sie, wenn ein Hund sein großes Geschäft in Ihrem (Vor-)Garten erledigt?

Lisas neuer Freund

Aktivierungstipp

Quizfrage: Welches Tier passt nicht in diese Reihe? Beagle – Dogge – Europäisch Kurzhaar – Collie. Lösung: „Europäisch Kurzhaar“ (ist eine Katzenrasse, die anderen drei sind Hunderassen.)

Nein, Lisa Sibitzki hat genug. Sie will keinen Hund mehr. „Einen Hund kann ich nicht lange alleine zuhause lassen“, murmelt Lisa vor sich hin. „Ich muss ständig mit ihm spazieren gehen. Und er verfolgt mich auf Schritt und Tritt.“ Und Lisa muss es wissen. Denn die Achtzigjährige hatte zeitlebens einen Hund. Schon als Kind bewachte ein Schäferhund ihren Kinderwagen. Auf der Hochzeitsreise hat Dackel Taps Lisa und ihren frisch gebackenen Ehemann begleitet. Und später sind auch die Kinder von Lisa mit Pudel, Schäferhund und Dalmatiner aufgewachsen. „Aber jetzt bin ich alt“, stellt Lisa fest. „Ich kann nicht mehr so gut sehen. Und müsste mich ganz alleine um ihn kümmern. Da will ich keinen Hund mehr.“

Doch eines Tages klingelt das Telefon bei Lisa Sibitzki. Ihre Freundin Marlene ist dran: „Würdest du mich ins Tierheim begleiten? Ich will eine neue Katze.“ Kein Problem, denkt sich Lisa. Dann schaue ich mir auch gleich mal die Hunde an. Nur so. Schauen kann ich ja mal.

Lisas Freundin hat schnell eine Katze gefunden. Eine schwarze Katze mit weißen Flecken.

Lisa fragt: „Können wir noch einen kurzen Blick auf die Hunde werfen?"

Und da passiert es: Gleich beim ersten Hund ist es um Lisa geschehen: ein Labrador. „Das ist Golda", stellt der Tierpfleger vor. Das goldene Hundefell mit den weißen Flecken leuchtet in der Sonne. Golda rollt sich gleich zusammen und legt ihren Kopf auf Lisas Knie. Wenn die Hündin sich zusammenrollt und sich die Flecken von Pfoten, Bauch und Kopf berühren, sieht das aus wie ein weißes Herz auf goldenem Grund. Und als Lisas Hand durch Goldas weiches Fell streicht, erinnert sie sich an die Zeiten, die sie früher mit Kind und Hund erlebt hat: im Garten, bei Sonntagsausflügen – oder abends im Wohnzimmer. Lisa muss schlucken: „Du riechst wie ein richtiger Hund. Ich glaube, ich nehme dich doch gleich mit nach Hause." Dieser Geruch hat ihr gefehlt. Denn manchem Hundebesitzer ist der Duft ihres Vierbeiners lieber als das beste Parfum. Ihre Freundin ermutigte sie: „Das ist eine gute Entscheidung. Ein Labrador könnte auch ein guter Blindenhund sein, falls deine Augen noch schlechter werden.

Nun ist Lisa also doch wieder auf den Hund gekommen. Wenn Lisa Sibitzki nun noch einmal darüber nachdenkt, ob sie tatsächlich einen Hund wollte, schmunzelt sie: „Wenn ein Hund zuhause ist, werde ich stets von jemandem erwartet. Ich überwinde mich bei jedem Wetter, an die frische Luft zu gehen. Und ich habe immer einen Freund bei mir."

Gesprächsimpuls

Was, ein Hund macht Arbeit? Warum denn? Beispiele könnten sein: spazieren gehen, bürsten, Futter richten, zum Tierarzt gehen … Welche dieser Aufgaben übernehmen Sie gerne? Welche tun Sie nicht so gerne?

Müssen Hunde draußen bleiben?

Aktivierungstipp

Sammeln Sie Bilder von Hunden, etwa von alten Kalendern, Postkarten oder aus Zeitschriften. Bringen Sie diese mit und breiten Sie die Bilder auf dem Tisch aus. Sie können die Bilder gemeinsam betrachten. Ihr Gegenüber kann sich auch seinen Lieblingshund aussuchen – oder Sie können auch sortieren, z. B. nach Farbe oder Größe.

Jetzt also doch! Frau Braun muss ins Pflegeheim umziehen, denn zuhause geht es nicht mehr. Immer wieder stürzt Frau Braun. Sie kann sich nicht mehr gut bücken und braucht Hilfe bei der Pflege.

Frau Braun knirscht mit ihren dritten Zähnen. „Nun ja, dann ziehe ich halt um." Doch noch während sie das sagt, kommt auch schon der nächste Gedanke: „Was wird aus Vanilla?" Vanilla ist nämlich der Name von Frau Brauns Bulldogge. Sie ist hell wie Vanille, daher der Name. Frau Braun liebt ihren Hund.

Frau Brauns Tochter antwortet: „Überlass das mal mir. Ich habe da eine Idee. Aber ich muss jetzt gleich los in die Turngruppe."

So zieht Frau Braun also ins Heim. Ohne Vanilla. Das Leben ohne ihre geliebte Bulldogge ist schon traurig, findet sie beim Einzug. Frau Braun vermisst ihren Hund. Sie malt sich aus, wie ihre Tochter ihren geliebten Vierbeiner ins Tierheim bringt. Sie sieht vor ihrem inneren Auge, wie Vanilla mit hängendem Kopf allein in der Ecke sitzt. Und sie stellt sich vor, wie grauenhaft es im Tierheim riecht. Und während sie darüber nachdenkt, hört sie es – ein Winseln, Bellen und Schnüffeln. Es scheint direkt von ihrer Tür aus zu kommen. Ist es nur Einbildung? Spielt ihr die Sehnsucht nach ihrem Hund einen Streich?

Da geht die Zimmertüre auf. Herein kommt – Vanilla. Ihr beiges Fell leuchtet in der Sonne. Frau Brauns Bulldogge kuschelt sich sofort an die alte Dame. Mit Vanilla kommt Sabrina ins Zimmer.

Sabrina ist Altenpflegerin im Heim. Sie hat einen Hundekorb unter dem Arm und stellt ihn in die Ecke des Zimmers. Sie lächelt Frau Braun an. „Ich gehe mit Ihrer Tochter in die Turngruppe. Sie hat mir erzählt, dass Sie zu uns ins Heim kommen, aber nicht wissen, wohin mit ihrem Hund.

Da habe ich gesagt: Oh, ich wünsche mir schon so lange einen Hund – aber ich will ihn nicht alleine zuhause lassen, so lange ich arbeiten gehe. Und dann habe ich gedacht: Ich könnte Vanilla bei mir zuhause aufnehmen. Ich bringe sie immer zur Arbeit. Während dieser Zeit könnte sie zu Ihnen ins Zimmer."

Frau Braun strahlt, während sie Vanilla übers helle Fell streichelt. „Na das ist ja wirklich eine tolle Idee. Vielen Dank!"

Gesprächsimpuls

Was haben Sie mit Ihrem Hund während des Urlaubs gemacht? Durfte er immer mit? Wurde er zuhause von jemand anderem betreut? Hat ihn jemand bei sich zuhause aufgenommen während Ihres Urlaubs?

Frau Huber, ich vermisse dich

Aktivierungstipp

Drucken Sie Buchstaben in einer etwas größeren Schriftart aus und schneiden Sie diese aus. Legen Sie daraus die Namen von Hunderassen. Beispiele: Dobermann, Dackel, Spitz, …

Frau Huber kommt zuhause nicht mehr alleine zurecht. Sie ist 82 Jahre alt. In ihrer Wohnung gibt es Schwellen und Absätze. Mit Rollstuhl und Rollator ist es für die alte Dame manchmal wie bei einem Hindernislauf. Dazu kommt, dass sie sich nicht mehr so gut bewegen kann.

„Ich will aber zuhause bleiben“, sagt Frau Huber zu ihrer Tochter.

Darauf antwortet die Tochter: „Ich hab da eine Idee.“ Bald kommt ein ambulanter Pflegedienst ins Haus: Schwester Rosa. Sie kommt mit dem Fahrrad und bringt immer ihre Hündin mit: Dobermann Diana.

Während Schwester Rosa die Tabletten richtet, legt Dobermann Diana den Kopf auf Frau Hubers Schoß. Während die alte Dame den Hund hinter den Ohren krault, bekommt sie von Schwester Rosa die orthopädischen Strümpfe angezogen. Und wenn die Schwester der alten Dame den Kaffee aufbrüht, steckt Frau Huber Diana ein Leckerli zu.

Und wenn Schwester Rosa einmal Urlaub hat und eine

andere Schwester kommt, fragt Frau Huber: „Wann kommt denn endlich meine Diana wieder zu mir?“

Eines Tages geht es Frau Huber nicht so gut. Sie ist schwach und kann gar nicht mehr vom Sessel aufstehen. Ihre Haut ist blass. Als sich Schwester Rosa von ihr verabschiedet, denkt sie noch: „Ich habe ein komisches Gefühl. Vielleicht schläft Frau Huber heute Nacht für immer ein.“

Und so war es dann tatsächlich. In der Nacht ist Frau Huber gestorben. Also sagt Schwester Rosa zu ihrer Diana: „Frau Huber ist tot. Wir fahren heute an ihrem Haus vorbei.“

Doch als Schwester Rosa die Straße entlang radelt, wird Diana plötzlich unruhig. Normalerweise trabt die Hündin gemächlich neben Rosas Fahrrad. Aber heute wird die Hündin langsamer und bleibt vor der Tür von Frau Huber stehen. Sie setzt sich hin, schaut die Tür an und legt den Kopf schief. Erst nach ein paar Minuten lässt sich der Dobermann überzeugen, mit Rosa weiter zu radeln. Und so geht es auch am nächsten Tag weiter. Und am übernächsten Tag. Und am überübernächsten Tag. Diana braucht immer ein paar Augenblicke Pause vor der Tür von Frau Hubers ehemaliger Wohnung.

Immer, wann sie weiterfahren, schluckt Rosa. Es ist doch erstaunlich, wie treu Hunde sind, denkt sie dann jedes Mal.

Gesprächsimpuls

Wie kann es sich äußern, wenn ein Hund Heimweh hat nach jemandem? Beispiele: Er sucht, er schnüffelt, er trägt Wäsche durch die Wohnung, …

Kurze Geschichten rund um den Hund

Der beste Tormann

Aktivierungstipp

Sammeln Sie Begriffe rund um das Thema Fußball. Wer weiß, was man darunter versteht? Beispiele: Klassenerhalt, Tabelle, Rückrunde, Abseits, Eckball, Viertelfinale, Fallrückzieher, ...

Wissen Sie, warum der FC Bunzelfingen einen Hund auf seinem Wappen hat? Das kam so:

Sepp ist ein großer Fußballfan. Sein Lieblingsverein ist Fortuna Kleindorf. Sepp pilgert zu jedem Spiel seines Vereins – und er bringt auch immer seine Vierbeinerin mit. Wendy, die Windhündin.

Wendy läuft schon immer das Wasser im Mund zusammen, wenn sie Sepps Halbzeit-Grillwurst riecht. Denn normalerweise sagt Sepp dann immer: „Hier hast du deinen Imbiss, Wendy." Die Windhündin bekommt dann immer die zweite Hälfte. Während des Spiels schläft sie an Sepps Füßen. Doch eines Tages war es anders.

Es ist das entscheidende Spiel: Fortuna Kleindorf tritt gegen den FC Bunzelfingen an. Es geht bei dem Spiel um alles.

„Bunzelfingen vor, noch ein Tor!", schreien die Fans.

Und: „Kleindorf siegt – Bunzelfingen fliegt.

Raus aus der Liga – Wir sind die Sieger", brüllen die anderen.

Aber es ist wieder Gleichstand. 89. Spielminute. Der

Mittelfeldspieler prescht nach vorne. Eine Flanke bis vors Tor. Und – wird der Stürmer den Ball zum Siegestreffer verwandeln?

„Schieß doch!", schreien die Fans und halten gebannt den Atem an. „Schieß!"

Da nähert sich eine Entenfamilie. Sie watschelt über das Spielfeld – und durch den Strafraum. Tap, tap, tap – und: quak, quak, quak.

Da wird Sepps Windhündin Wendy unruhig. Sie steht auf. Und rennt zum Spielfeldrand. Einmal quer über den Rasen, den Enten hinterher.

„Oh nein", schreien die Fans.

Der Ball, den der Stürmer gerade in Richtung Tor getreten hat, prallt an Wendy ab. Der Ball rettet also das Leben der Entenfamilie. Und Windhündin Wendy rettet das Spiel des FC Bunzelfingen. Denn sie verhindert das entscheidende Tor für Fortuna Kleindorf. Denn: Der Ball fliegt über das Tor.

Damit steigt Fortuna Kleindorf ab. Die Fans des FC Bunzelfingen umringen Hundebesitzer Sepp. Sie werfen ihn in die Luft. Immer wieder. Und sie singen dabei:

„Der Ball war drinnen.
Sieg für Bunzelfingen."

„Und dann: Mit dem Hund – da gehts rund."

Der Hund wird also zum Maskottchen der Fußballmannschaft. Und künftig ist er darum auch auf ihren Trikots und ihrem Wappen zu finden.

Gesprächsimpuls

Wie reagiert Ihr Hund, wenn es besonders laut ist? An Sylvester? Oder im Fußballstadion? Oder wenn er an einem laut ratternden Mühlrad vorbei läuft? Ist er da besonders vorsichtig? Oder ist es ihm gleichgültig? Zu welchen Veranstaltungen würden Sie einen Hund mitnehmen und wo eher nicht? Beispiele: Restaurant, Jahrmarkt, Theater …

Sein Name ist Platsch

Aktivierungstipp

Bringen Sie – je nach Jahreszeit – eine Wanne Schnee oder eine Wanne Wasser mit. Fühlen Sie gemeinsam mit den Händen darin. Wenn es sich um Schnee handelt, bauen Sie gemeinsam einen kleinen Schneemann. (Nicht vergessen, vorher schon ein Handtuch zum Abtrocknen bereitzulegen.)

„Platsch", ruft Susanne. „Kommst du? Platsch!" Sie hat ihren Hund am Waldrand kurz aus den Augen verloren. Aber da kommt er angerannt. Ein drahtiger Rottweiler.

Die andere Spaziergängerin mustert Susanne. „Aber warum nennen Sie Ihren Hund denn Platsch?"

Susanne lacht. „Eigentlich heißt er ja anders – aber Platsch ist sein Spitzname geworden. Das ist eine lustige Geschichte."

„Wollen Sie mir die Geschichte erzählen?"

„Ja, natürlich. Kennen Sie sich ein wenig aus hier? Sind Sie schon einmal diesem Waldweg gefolgt?" Susanne deutet in den Wald hinein.

„Kommt man dort nicht an eine Lichtung mit einem Teich?"

Susanne nickt. „Richtig. Und dort hat alles angefangen. Im letzten Winter, als Platsch noch ein Welpe war, sind wir dort spazieren gegangen."

„War der Teich denn zugefroren?"

„Ja", antwortet Susanne. „Das hat meinem Welpen damals gefallen. Er hat sich über den Schnee geschoben. Mit Anlauf ist er auf die Eisschicht – und dort ist er entlang gerutscht. Manchmal hat er einen Purzelbaum gemacht. Oft hat er sich auf dem zugefrorenen See gewälzt. Der gefrorene See war ein Fest für ihn."

„Da hat er bestimmt viel Spaß gehabt. Der letzte Winter ging ja ziemlich lang."

Susanne lacht. „Ja, aber auch dieser lange Winter ging vorüber. Und irgendwann war Frühling. Und dann sind wir wieder zum Teich spaziert."

„Oh, ich ahne schon, was dann passiert ist ..."

Susanne nickt. „Ich glaube, Sie ahnen richtig."

„Die Eisschicht war geschmolzen?"

Susanne lacht. „Jawohl. Und mit Anlauf ist unser junger Hund wieder auf den Teich zugerannt. Er sprang hinein und wollte die Eisschicht entlangrutschen. Aber da war keine Eisschicht."

„Und dann hat es platsch gemacht?"

„Ja, dann hat es platsch gemacht", nickt Susanne. „Unser Hund hat ganz verdattert geschaut. Sein Kopf lugte aus dem Wasser und er hatte Falten zwischen der Stirn. Und er hat geschlottert vor Kälte. Ich musste von Herzen lachen. Und seither heißt er Platsch."

Gesprächsimpuls

Kennen Sie auch solche Situationen, in denen Sie aus Gewohnheit so reagieren wie am Tag zuvor? Beispiele: 1. Auf der Abzweigung ist gestern kein Auto gekommen. Also kann ich los fahren – heute wird wohl auch keines kommen. 2. Das Geschäft hatte gestern bis 18 Uhr geöffnet – es wird heute auch so lange offen sein.

Eine Hundeleine erzählt

Aktivierungstipp

Bringen Sie eine Hundeleine mit. Geben Sie diese Ihrem Zuhörer in die Hand. Lassen Sie ihn daran fühlen. Wenn Sie die Geschichte mehreren Zuhörern vorlesen, geben Sie die Hundeleine reihum.

Ich bin die Hundeleine von Struppi. So ein Leben als Hundleine ist oft spannend – aber manchmal auch ganz locker.

Struppi ist ein Dackel-Dalmatiner-Dogge-Dobermann-Mischling. Er hat krumme Beine wie ein Dackel – sie sind aber lang wie bei einer Dogge. Seine Kraft und das Temperament erinnern an einen Dobermann. Vom Dalmatiner hat er das weiße Fell und die schwarzen Punkte.

Wenn der Dobermann in Struppi durchbricht, bin ich, die Hundeleine, meistens gespannt. Dann reißt er vorne an der Leine. Und hinten hält sein Frauchen fest. „Halt, Struppi. Hierher!“, brüllt sie dann. Aber Struppi scheint dann nicht zu hören.

Bricht der Tatendrang eines verspielten Dalmatiners in Struppi durch, darf er oft frei auf der Wiese rennen. Sein Frauchen wirft dann mit einem Ball, den Struppi holen darf. „Such, Struppi“, ruft sie dann. Für mich als Leine ist das ziemlich locker, denn ich hänge um die Schultern der Hundebesitzerin und habe frei.

Manchmal bricht aber auch der Jagdinstinkt des Dackels

in ihm durch. Die Hundebesitzerin fleht dann immer: „Mach doch mal langsam, Struppi." Dann wird der Dackel in Struppi wach, der nach einem Fuchsbau sucht. Dann bin ich, die Leine, zwischen seiner Besitzerin und ihm gespannt. Denn Struppi will dann oft weiter – zum nächsten Fuchsbau. Dann zieht er und zieht.

Locker habe ich es auch, wenn die Dogge in Struppi zum Vorschein kommt. Die Dogge ist ein sanfter und freundlicher Hund. Da die Dogge so groß ist, braucht sie nicht besonders wütend daherzupoltern. Andere Hunde und Menschen haben schon Respekt vor ihr, weil sie so groß ist. Struppi bleibt beim Spaziergang an solchen Tagen oft einfach stehen und lässt sich von seiner Besitzerin hinter dem Ohr kraulen. „Braver Hund", sagt sie dann. An solchen Tagen hänge ich meistens locker herab.

So ein Leben als Leine – oft ist es locker, aber manchmal auch spannend. Jedenfalls bei Struppi.

Gesprächsimpuls

„Hunde bitte an die Leine!", steht auf einem Schild. Heute ist man da streng. War das früher auch schon so? Bei welchen Gelegenheiten dürfen Hunde frei laufen?

So ein Flohzirkus

Aktivierungstipp

Versuchen Sie gemeinsam, „Wörterkette“ zu spielen. Nehmen Sie ein Wort, das aus zwei Hauptwörtern besteht. Suchen Sie als nächstes ein Wort, das so anfängt, wie das erste Wort aufgehört hat. Beispiel: Flohzirkus – Zirkusclown – Clownsnase – Nasenfahrrad – Fahrradlenker – Lenkrad – Radschlag – Schlagstock – Stockbrot – Brotkorb …

Anna Kramer räkelt sich im Bett. Sie kratzt sich am Bein – und je mehr sie kratzt, umso mehr juckt es. Anna runzelt die Stirn: „Warum nur juckt es mich so?“, fragt sie sich.

Da sieht sie es: Sie hat zwei Stiche am Bein. „Klarer Fall: Ein Floh“, sagt Anna zu ihrem Ehemann Günter.

Aber es ist ja nicht das erste Mal. Wer hat nicht schon einmal Ungeziefer in der Wohnung gehabt? Die Kramers hatten schon Läuse und Mäuse, Kakerlaken und Bettwanzen. Und sie sind inzwischen ziemlich gut darin, die lästigen Biester zu besiegen.

„Staubsauger raus“, ordnet Anna Kramer an. Und dann wird jeden Tag gesaugt. Die komplette Wohnung. Die Bettwäsche wird täglich heiß gewaschen. Und dann gibt es noch ein Spray, das gegen Flöhe versprüht wird.

Nach ein paar Wochen ist Ruhe. Keine neuen Stiche mehr. Anna freut sich: „Ich glaube, wir haben gesiegt. Flöhe überstanden. Bitte geh jetzt noch und kaufe ein Flohhalsband!“

Günter ist verdattert. „Ich soll ein Flohhalsband kaufen? Warum denn das? Wir haben die Biester doch besiegt.“

Anna schüttelt den Kopf. „Berta aus der Strickgruppe hat mir den Tipp gegeben. Sie sagt: ‚Es kann immer noch sein, dass Eier von Flöhen im Staubsaugerbeutel gelandet sind. Wenn die Biester schlüpfen und sich vermehren, geht es wieder von vorne los.‘“

„Und da soll ein Flohhalsband helfen?“

„Ja genau.“ Anna deutet auf den Staubsauger. „Flohhalsband in Stücke schneiden. Und in jeden neuen Staubsaugerbeutel ein Stück hinein. Dann überleben die Flöhe garantiert nicht, sagt Berta.“

Also geht Günter ins Haustiergeschäft. Dort kommt es zu einem etwas kuriosen Gespräch.

Günter fragt: „Haben Sie Flohhalsbänder?“

„Ja.“ Der Verkäufer deutet auf ein Regal. Vorne sind Hunde mit Halsband abgebildet. Weiter hinten Katzen. „Für wen brauchen Sie denn das Halsband?“

„Für meine Anna“, sagt Günter.

„Äh“, wundert sich der Verkäufer. „Und wieviel wiegt Ihre Anna?“

„Also meine Frau wiegt 75 Kilo.“

Der Verkäufer schüttelt den Kopf und weiß nicht, was er sagen soll. Also erklärt ihm Günter, warum er ein Flohhalsband will. Da müssen beide lachen.

Gesprächsimpuls

Hatten Sie auch schon Ungeziefer in der Wohnung? Welches? Und was haben Sie dagegen gemacht? Beispiele: Flöhe, Läuse, Mäuse oder Kakerlaken. Hilfsmittel: Staubsauger, Sprays, Gift, Fallen ... (Hier ist es oft erstaunlich, wie unbefangen die ältere Generation über solche Probleme redet).

Das letzte Kind ist ein Hund

Aktivierungstipp

Breiten Sie mehrere Fotos von Hunden auf dem Tisch aus. Sie können Bilder aus dem Internet oder aus Zeitschriften verwenden. Jeder darf sich eines davon aussuchen – und vielleicht mag auch jemand sagen, was ihm an diesem Hund am besten gefällt.

Matthias geht mit seinem Hund spazieren. Es ist ein Beagle. Unterwegs sieht er von weitem einen Mann. Dessen Gang kommt ihm bekannt vor. Er hinkt links und zieht das rechte Bein hinter sich her. Wer ist das nur?, fragt er sich. Da fällt es ihm ein: Er hatte mal einen Schulkollegen. Der ist auf die gleiche Art gegangen. Ist er es tatsächlich? Leider fällt ihm der Name nicht mehr ein …

„Waren wir nicht zusammen in der Schule?“, ruft er.

„Richtig. Du bist doch der Matthias. Du bist doch der, der sich immer viele Kinder gewünscht hat – und am liebsten Söhne“, kramt der Schulkollege in seinen Erinnerungen. „Hat das denn geklappt?“

Matthias beißt sich auf die Unterlippe. „Naja. Mit den vielen Kindern hat es schon geklappt-“

„Erzähl doch mal …“

„Mein erstes Kind war eine Tochter. Andrea heißt sie“, sagt er seinem Kollegen.

Der Schulfreund nickt. „Also noch kein Sohn am Anfang.“

„Nein“, antwortet Matthias. „Und auch danach nicht. Dann kam nochmal eine Tochter. Barbara.“

Der Schulkollege antwortet: „Ich hätte dir gleich am Anfang einen Sohn gegönnt.“

„Daraus wurde nichts. Nach Barbara kamen Christa, Daniela, Emma, Franziska und Gabi.“

„Du hast also sieben Töchter“, schmunzelt Matthias.

„Ja. Dann hab ich zu meiner Frau gesagt: Jetzt haben wir genug Kinder. Jetzt kaufen wir uns noch einen Hund.“

Der Schulkollege schmunzelt. „Aber du hast dir dann doch hoffentlich einen Rüden geholt?“

Matthias schüttelt den Kopf. „Nach dem Motto: Nach so vielen Töchtern soll jetzt wenigstens der Hund männlich sein?“

Matthias muss lachen: „Da habe ich gar nicht dran gedacht. Nein, wir haben eine Hündin. Sie heißt Hanna.“

Da fällt Matthias auch der Name seines Schulkollegen wieder ein. Der heißt nämlich Hannes.

Gesprächsimpuls

Weibchen oder Rüde – unterscheiden sich weibliche von männlichen Hunden? Was sind die Unterschiede?

Ein Knochen für Cindy

Aktivierungstipp

Bereiten Sie ein Hundepuzzle vor. Schneiden Sie Hundebilder (z. B. Fotos, aus Zeitschriften oder aus dem Internet) zu Puzzles aus zwei, vier oder sechs Teilen. Lassen Sie Ihr Gegenüber die Teile zusammen puzzeln. Helfen Sie nach Bedarf.

Da denken Sie an nichts Böses – und plötzlich stehen Sie mitten in einer Keilerei in der Fußgängerzone. Der Paul verpasst dem Fritze eine Ohrfeige. Und der Fritze dreht dem Paul den Arm um, wirbelt den Kerl um die eigene Achse – und schon liegt er auf dem Boden. Autsch! Da schmerzen mir der Arm und der Po.

Worum geht es eigentlich? Hat der Paul dem Fritze die Frau ausgespannt? Oder findet Fritze, Paul hat die falsche Partei gewählt? Oder sind beide einfach nur etwas angetrunken?

Keiner weiß das so genau. Aber – von Weitem sind schon zwei Polizisten zu sehen.

„Ach, wieder einmal zwei Streithähne", sagt der eine. Und er denkt sich: Noch ein Fall, den ich heute Abend protokollieren muss.

Und der andere: „Komm, nichts wie hin. Die bringen wir auseinander."

Doch, halt. Da ist eine schneller.

Sie bellt und rennt um die Ecke: Cindy, ein Pinscher.

Die schwarze Hündin mit den braunen Pfoten saust zu den beiden Krawallbrüdern. Sie bellt. Und sie schnappt den Fritze an der Hose. Sie schüttelt ihn. Und dann stellt sie sich vor die beiden und bellt sie an.

Fritze erstarrt – und Paul ruft: „Nichts wie weg. Da hinten kommt die Polizei." Und schon stürmen die beiden fort. Weg von der Polizei. Die Straße runter. An der nächsten Abzweigung flieht einer nach rechts, der andere nach links. Fort sind sie.

Cindy will den beiden noch folgen. Aber da hört sie einen Pfiff – und bleibt stehen. Ihr Herrchen hat sie zurückgepfiffen. „Warten Sie", ruft ihm der eine Polizist zu. „Der Hund bekommt von uns eine Belohnung." Und schon verschwindet er im nächsten Geschäft und kauft einen Hundeknochen.

„Braver Hund", sagt der andere Polizist und krault den Vierbeiner hinterm Ohr. Und er denkt sich: Das Problem mit den Schlägern ist erledigt. Außerdem haben wir uns vielleicht den ein oder anderen blauen Fleck erspart. Und – jetzt muss ich nicht mal ein Protokoll schreiben.

Gesprächsimpuls

Der „Deutsche Pinscher" ist ein Hütehund wie etwa der „Deutsche Schäferhund". Er treibt die Familie zusammen, wenn man auseinandergeht. Kennen Sie Beispiele, die typisch sind für eine Hunderasse? („Das ist typisch für einen Jagdhund/Spürhund/Wachhund ...).

Schabernack mit Bello & Strolchi

Aktivierungstipp

Sammeln Sie Hundenamen von A-Z. Es müssen nicht nur typische Hundenamen sein. Hauptsache, Sie haben Spaß beim Sammeln. Arno, Bello, Cherry, Dagi, Emil, Fips, Gigi, Hasso, Ida, July, Karlchen, Luna, Mani, Nina, Otelo, Pluto, Qualli, Rex, Strolchi, Taps, Uschi, Vreni, Wulli, Xero, Yodel, Zappel.

Zwei junge Dackel toben durch das Wohnzimmer von Frau Bach. „Bello und Strolchi", ruft sie immer. Strolchi ist der mit dem weißen Fleck auf der Brust.

„Wartet nur, ich werde euch schon noch erziehen", schimpft Frau Bach immer wieder.

Aber noch klappt es nicht so recht mit der Erziehung.

Abwechselnd pinkeln die Welpen in irgendeine Ecke: Zuerst der Strolchi an den Schrank. Dann der Bello auf den Teppich – und schließlich der Strolchi wieder unter den Tisch. Es riecht schon in der ganzen Wohnung nach Hunde-Pipi.

Frau Bach schimpft dann: „Wartet nur, ich werde euch schon noch erziehen." Sie greift nach dem Schrubber und wischt die nächste Pipi-Lache weg.

Aber da hat sie die Rechnung ohne den Wirt gemacht – oder den Boden ohne den Dackel geputzt. Denn als Frau Bach durch die Pfütze wischt, will der Bello den Schrubber fangen. Und wenn sich Frau Bach bückt und den Bello auf die Seite schieben will, hüpft der Strolchi herbei. Das ist der mit dem weißen Fleck auf der Brust. Und der Strolchi springt dann hoch und will Frau Bach in die Nase beißen.

„Ich werde euch den Schabernack schon noch austreiben“, schimpft Frau Bach. „Euch zwei werde ich schon noch erziehen!“ Aber da hat der Strolchi schon wieder mitten auf das Sofa gepinkelt.

Gesprächsimpuls

Hunde treiben viel Schabernack. Können Sie sich an Streiche erinnern, die Hunde gespielt haben? Beispiele: Ein Hund verteilt Schmutzwäsche in der ganzen Wohnung. Ein Hund klaut die Wurst vom Tisch, wenn niemand hinschaut. Ein nasser Hund schüttelt sich und alle anderen werden auch nass. Ein Hund zerknabbert einen Teppich, ein Sofa oder eine Hundeleine.